早點這樣想，該多好

從卡住的路轉彎，當一個幸福飽滿的大人

楊嘉玲——著

人生的道理，就像衣櫃裡的衣服。

沒有對錯，只有時機。

不同的觀念，各有適合展演的時刻，

無須放在同一個水平上比較優劣、好壞。

你有權繪製自己的生命地圖，
別人走過的路、抵達的目的地，
不見得是觸動你的風景。

喜歡和討厭是相生相依的，
當你懂得安置內心的不滿，
快樂的價值才會被突顯出來。

這個世界太過喧囂吵雜，

急著討好的人往往容易迷失。

【前言】包裝在療癒文底下的勵志書

楊嘉玲

《早點這樣想，該多好：從卡住的路轉彎，當一個幸福飽滿的大人》是我的第七本書，也是我最期待出版的一個小孩。

記得十七歲，在那個還需要考聯考，練習寫作文、背格言、套格式，拿高分的年代，每兩個星期交一篇文章，爬滿六百字稿紙是例行公事。

許多次，我用心琢磨的文章，到了國文老師手中，只剩下「情溢乎辭」四個字。

記得第一次收到這個評語時，好一陣子，我難過到無法提筆寫作。我覺得自己文筆太差，寫不出韻味，才會讓人覺得呆板，不夠生動。那時，我覺得當一個作家，是一件遙不可及的事情。

後來，糊里糊塗，念了研究所，為了畢業，又得提筆寫作。只是這次不一樣，要寫的不是短篇作文，而是長篇論文。有了先前的經驗，我認定自己不適合走抒情路線，刻意把筆風調整到理性、條理，把所有豐富的情感全拿掉，心想：這樣就不會失敗、重蹈覆轍了吧！

好不容易，熬到畢業，完成一本近三十萬字的論文，還得了獎，有幸被出版社賞識，獲邀將論文改寫成平易近人的書籍，讓更多人知悉。

拿到合約那一刻，我欣喜若狂，我居然可以出書，當作家，實現小時候的夢想！那年我剛好二十七歲，我以為「十年磨一劍」，真的要在自己身上驗證了。如果真的順利出版，或許有機會寫一本勵志書呢！書名就叫做《夢想這條路，爬也要爬完——爬格子教我的十件事》。

覺得書名很矬？我也這麼認為，所以老天爺沒讓我如願以償。

在幾經修改、討論後，出版社做出一個困難的決定，他們退了我的合約，告訴我這個題目不適合出版。用很溫柔的方式繞彎，暗示我：我的寫作能力，還不行。

記得那天下午離開出版社，明明豔陽高照，我卻冷得全身發抖。我以為這輩子不可能了。不管是擲地有聲的論述，還是溫柔感性的分享，我都寫不好。

＊＊＊

有些熱情，是刻在基因裡，它會持續呼喚你，直到你行動為止。

後來臉書盛行，只要會打字，所有人都能是作家。

因為放不下寫作的快樂，我和自己做了一個約定，每天都要寫一則短文，記錄自己的心情和感想。

沒有字數限制，也沒有主題束縛。唯一有的，就是既然要花時間、花心思寫東西，就該寫一些對世界有幫助的內容，不耽誤別人時間，不影響別人情緒。

不謾罵、不抱怨，是我對自己最低的要求。

沒有鳴笛，也沒有吹哨，旅程，就這麼開始。

就像爬山，起初的興奮感，會讓人對自己充滿信心，覺得目標一點都不困難。一天一句話，怎麼可能做不到呢？

然而，就算只是重複普通的動作，持續走路、反覆抬腿。當新鮮感一過，體能耗盡後，簡單的事，仍會擊潰你的心智。

好幾次，寫不出來，坐在電腦前，焦慮、痛苦、憤怒，打在螢幕上的字，出現又消失。最後，和我對望的，仍是一整欄的空白。

也曾花一、兩個小時，在書桌前找靈感，就是找不到一句話，能讓自己滿意。

更像灰姑娘，拚命地要趕在午夜十二點鐘響前，寫下十個字，履行當日的誓言。（最晚的一篇是十一點五十八分）

我不只一次問自己：還要堅持嗎？有人會在乎嗎？

但靜下來，我聽見心谷傳來陣陣回音：走吧！走吧！為自己而寫，越孤獨的路，越是自由。

就這樣，我持續寫了三年，一千多則短文。不論我在世界的哪一個角落，快樂健康也好，低潮發燒也罷，只要有網路，就沒有缺席的理由。

就像上班要打卡一般，寫作，已經變成是我每天活著的痕跡。

我非常感謝這段旅程帶給我的一切體會。如果沒有每天堅持一句話，一點點、一步步，把傷修復、把心加熱。可以確定的是，今天不會有任何一本，掛著我名字的書誕生。

＊＊＊

有人說：幸福不是故事，不幸才是。

照道理，我如願出了書，還不只一本，故事早已有了happy ending，不是嗎？

理智上，我也是這麼告訴自己的，但長期以來，我對作家這個稱謂，一直有距離，覺得自己配不上。

在我心中，所謂的好作家，是可以用很簡單、純粹的話，就讓人體悟到不同的觀點。讀完他／她的文字會有一種醍醐灌頂、通體舒暢的感覺。把一件很小的事情，說得動人、理得透澈，才是真正的書寫者。

用這個標準看自己，先前出版的書籍，是有些刻意了。

打個比方，那些書就像是做足了前置準備、精心烹調的大菜，功能目的很清楚，卻讓人很難細細品味，會擔心不整盤吃完，就得不到效果。

可人生不是每一件事情、每一個道理，都需要這麼費神了解。

從事諮商工作，十餘年來，聽過無數的故事，解過無盡的困惑。不難發現，人們會在乎的事情，無非就是那幾件，不脫溝通、關係、生涯、自我，交織而成的旋律，就是每一個人獨特的成長曲。

這本書所收錄的文章，像是我在諮商路上，不同季節所遇到的人事物，從中擷取我最有感的體會，作為新鮮的食材，再搭配最對味的文字醬料，醃漬成開胃小菜。

無論你現在需要或喜歡吃的是哪一種菜系，這一碟碟當令小菜，就像是個鉤子，引發你對某些議題的好奇後，進而再花力氣探詢每個主題背後，更完整的論述或解決方法。

這本書很適合當作睡前或旅行小書，可以隨時翻開、隨處放下，用最輕鬆、舒服的狀態閱讀。

不管令你迷惘的是愛情、工作、人際、熱情，還是家庭，你都能夠在這本書的某些角落，得到撫慰與提點。

這些文章也像是我寫給個案的情書，把那些沒來得及說完的話、放不下的牽掛，化成文字，寄給每一個還在人生路途上奮鬥的旅人。希望這一絲一縷的關懷，能在疲憊時，提供一些依靠與鼓勵。

你不孤單，你的心情，有我來懂。

＊＊＊

今年，我三十七歲，距離那個天真的少女，恰恰二十年。這才明白，要成就一把劍，十年是磨不亮。

國文老師給的評語沒錯，我真的沒有天分，才會需要比別人多花一倍的時間，學會擺放情感，用剛剛好的熱度，把文字呈現出來。

如果你讀這裡面的文章，感覺溫暖，一字一句像熨斗般，撫平你紛亂的心。別忘了，這本書的作者，曾被退稿、作文拿低分，裡頭看似療癒的文章，你都可以把它當作勵志文來讀，激勵自己堅持下去。

回首來時路，從「情溢乎辭」到「情盡乎辭」，一字之差，竟相隔二十年的距離。這才明白，水如果一直走在平坦河道上，就激不起任何的水花，斷崖是河的挫折，卻也造就了壯闊的瀑布。

謝謝，從沒放棄寫作的自己，你的名字，是我心中最喜歡的作家之一。

目錄

Chapter 1

真正的熱情，成熟於冷靜的規劃——生涯篇

Chapter 2

自由來自於你願意承擔多少限制——成長篇

Chapter 3

那些沒說出口的，才是你需要仔細聆聽的——溝通篇

Chapter

/4/

一個人能讓你多開心，你就會對他有多關心——關係篇

Chapter

/5/

每一個世代，都有屬於自己的style——世代篇

Chapter

1

真正的熱情，成熟於冷靜的規劃

生涯篇

天下最遠的路是捷徑

要培養一項能力，
過程就像燒一鍋水，
所有努力就像鍋底的爐火，
得持續加熱溫度，
火候可能時大時小，
但只要持續不放棄，
終會等到水滾的那一刻。

剛出社會的朋友，私訊問我：「怎麼樣可以快速地累積口碑，讓收入穩定？」

我反問她：「你想聽真話，還是假話？」

朋友秒回：「當然是真話。」

我猶豫許久，螢幕上的字刪了又寫，寫了又刪，最後只送出：「如果你真想知道答案，就別問這個問題。」

不知是這句話太重，嚇到她，或是讓她誤以為我生氣了，後來她就沒回應了。

其實，我不意外會有人問這個問題。搜尋一下熱門文章、走一趟誠品書店、瀏覽一下雜誌封面，到處可見十小時、三十天、一年就能快速學會某件事情的絕招，或是某人多年輕就多了不起……等。

我自己也曾經深深著迷過這類標語，覺得自己現在之所以不夠完美，一定是來自於我少知道一些事情，沒有找到厲害的貴人或老師，才會如此辛苦。因此，下意識會想找更厲害的招式，越快達成目標越好。

但事實證明，越急，結果越糟。

這般躁進的習慣，直到遇到一個督導，他只要求我做一件非常簡單的事情，就讓我徹底改變了。

他說：「要提升治療功力很簡單，就是每週選擇一個個案，將會談內容一字不漏打下來。其他的，不用我多說，你該知道的，自然就會了。」

當時，我覺得這是前輩偷懶、藏私的藉口，但身為新手，也只能鼻子摸著，先照做。還好這作業不需要任何技巧，只需要像個機器人，把聽見的話變成看見的字。

我沒料到的是，人們說話的速度可以這麼快。如果你曾用心計算一個人一分鐘能說的話，你就會知道一個小時的對談，資料量有多麼龐大。

一開始，十分鐘的對話，我需要兩個小時才打得完，而一次晤談最少是五十分鐘。換句話說，為了完成這個作業我得待在電腦前將近十個小時，才可能打完。一星期有一天，必須與逐字稿為伍，否則下一週的錄音又會追著我跑。

後來，掌握訣竅，打字變快了，仍需要七到八小時才能完成。等於上班族一天的工作時間（中間不能打混、逛網頁）。

坦白說，起初我的心情就像剛拜師的小和尚，對於每天只能掃地、挑水，覺得厭煩，老想著師父什麼時候才會教我絕世武功。可是師父只是摸摸我的頭，叫我繼續掃。說不動搖是騙人的。

而成熟的第一步，是讓「時間」在身上留下印記。

就這樣週復一週，我已經忘記在打第幾份逐字稿時，忽然間，有股電流通過般，我聽懂個案沒說出口的話，她真正糾結的點。一種打自心底全然的理解，而非教科書上的分析。

那一刻，我再也不懷疑金庸爺爺的話，打通任督二脈是學武之人的重要關鍵。

從此，我對於人與人之間的交流，有不同的體認。但如果沒有花這麼多時間熬，這領悟不太可能到來。可是你若要我認真說到底懂了什麼，我的答案是很縹緲的，講出來跟「有志者事竟成」，差不多空泛。

我無法精確地說，到底是哪一次個案、或哪一段對談，啟發了我。就像果實成熟，難以區分是被哪一天的太陽或雨水，滋養而生。整段過程，無法快轉、也沒有撇步，得老老實實走完。

回過頭，我認真探討自己先前想走捷徑、一步到位的心理。表面上看似積極、聰明、有效率，但骨子裡其實是逃避責任、不願面對現實、用幻想取代行動。

累積和耕耘，彷彿是平庸之人才需要拿來說嘴的。你瞧瞧，多麼狂傲、自大的心態啊！好在老天爺對我很好，沒讓我如願過。

慢慢地我體驗到，要培養一項能力，過程就像燒一鍋水，所有努力就像鍋底的爐火，持續加熱溫度，火候可能時大時小，但只要持續不放棄，終會等到水滾的那一刻。

如果你太心急，不斷地掀鍋蓋，想確認水滾了沒，只會花更長的時間等待。甚至還沒有沸騰，就先變成水蒸氣揮發了。

這道理在我離開教職，踏上創業之路後——體會更深，越想走捷徑，往往繞越多路。

你問我：不渴望成功嗎？但我很清楚，沒有功成，哪來的成功。功績都是用汗與淚蓋成的，偷工減料，最後承擔的還是自己。

想想是我不對，又犯了心急的毛病，我該好好回應朋友：「最遠的路，是捷徑。最近的路，是持續。慢慢來，比較快。」

結局會不會不一樣？

轉個彎這樣想

最遠的路，是捷徑。最近的路，是持續。慢慢來，比較快。

別讓你的熱情，變成一種「神話」

天下沒有不委屈的工作，
所有的選擇都有你不喜歡的部分。
單靠熱情是無法走到最後的。

朋友問：「你怎麼有用不完的靈感，知道寫什麼、怎麼寫別人會想讀？」

我很用力地搖頭：「不，繆思女神好一陣子沒找我喝咖啡了。」

「那你怎麼還能寫得出東西來？」

「就是一個字一個字，想辦法生出來啊！與其說我像搖筆桿的作者，我倒覺得是工地裡的水泥匠，每個字都像磚頭般沉重。寫作的過程一點都不浪漫，常常用盡全力才拿起一、兩塊磚。」

「你不會挫折嗎？」

「我只是認清了，挫折，就是創作的一部分。想不出哏，不代表我不夠好，而是我之所以存在的原因。突破了，我的作品就會有價值；卡住了，我只是跟一般人一樣。」

「你的意思是，你的工作就是不停地闖關，一次次想出別人有興趣的哏。挫折不是阻礙，它就是你創作的過程，而不只有坐下來寫字的那段時間。」

「沒錯，你可能很難想像，要生出一篇文章，我需要打怪多少回？那些如影隨形的小聲音：

「這樣寫沒人想看、這主題好無聊、老掉牙、你以為你是對的嗎？你等著被酸吧！……

「偉大的文昌君爺爺，常常在我寫下一句不滿意的話後，立馬將我賜死。無論我已經寫完多少字，下一秒都會被扔進桌面上一個叫『垃圾桶』的焚化爐裡，永不見天日。」

「然後呢？你不討厭寫作嗎？你還有熱情嗎？」

我忽然想起一句話，是我很喜歡的作者《享受吧！一個人的旅行》伊莉莎白．吉兒伯特說的：「面對生命，真正該問的不是『你對什麼有熱情？』而是『你的熱情能讓你忍受不堪的程度到哪？』」

我是作家，我就得忍受寫不出東西的焦慮、寫完後沒人讀的窘境、寄給出版社被退稿的無情。

你若是攝影師，就得學會應付天氣變化、惡劣場地、有限時間、沒日夜的修圖。

你若想成為明星，就得挺得住眾人犀利的眼光、被當成物品指指點點、四處奔波拍戲上通告的不便。

你若真喜歡料理，就得早起，天還沒亮就到市場裡，挑選最新鮮的食材；在用餐熱門時段同時處理十份訂單，而且品質都要維持相同；不能怕熱、怕燙、怕受傷。

天下沒有不委屈的工作，所有的選擇都有你不喜歡的部分。單靠熱情是無法走到最後的。

就像一對戀人，只有激情，是很難共同建立一個家庭。他們必須願意付出，並許下承諾不會因為一點點困難就逃開。

所以我不會倚賴靈感寫作，就像業務員不能靠心情談 case，那絕對會餓死。

紀律，是建立專業的塑身衣。穿上它，你不一定覺得美麗，而且一定不輕鬆，但脫掉，馬上橫肉四溢。

一項專業之所以成立，不在於你在高峰時，能創造多美好的成果，而是即使低潮，你仍有辦法克服心魔、拿出應有的品質。

如果有人口口聲聲說：他熱愛某件事情，卻常常開天窗、為他沒做的事情找理由。相信我，他真的沒有如他嘴巴說的那麼喜歡這件事情。

一份喜愛，如果沒有外掛上「承擔」和「犧牲」，就不可能贏得掌聲。

如同一部一百二十分鐘的電影，倘若主角受到的折磨不超過一百分鐘，一路平步青雲、過關斬將，你很快會覺得這是童話、毫不留情的轉台。勵志故事都是刻苦的，但我們經常用慢動作看得獎時刻，卻以三十二倍數快轉痛苦的折磨。

活在虛妄的想像，才是熱情累人的原因。

承認並接受，地球就是有地心引力，你再怎麼厲害，也不可能會飛。反而能腳踏實地，一步步走該走的路，做該做的事。困難，不是為了打擊你的信心，而是衡量你有多想要。

假使你對熱情的想像，不包含對挫折的忍受，那你所規劃的未來很快會變成一種「神話」——神經病說的話。你會想要騙人或被騙嗎？

不想的話，咱們還是認真彎下腰吧！腰彎得越低，掌聲聽得越久。

轉個彎這樣想

承認並接受，地球就是有地心引力，你再怎麼厲害，也不可能會飛。反而能腳踏實地，一步步走該走的路，做該做的事。困難，不是為了打擊你的信心，而是衡量你有多想要。

沒有定位好想去的方向，再多羅盤也沒用

在愛情中，對的人不是遇上的，
而透過不斷地經營，讓人變對；
同樣的，在生涯定位中，熱情不是剛好碰到，
你需要持續地練習，讓情變熱。

一個朋友，辛勤工作十餘年後，決定辭職，給自己一段假期，體會所謂「Gap year」。她笑著說要好好利用這一年，為人生的下半場，走出一條不同的路。

一離開呆板和重複的職場，她為自己安排許多的學習，各式各樣的才藝、專業，聽完她一週的行程，我有點挖苦地說：「當初你念大學，好像也沒你現在認真。」

她略帶一點驕傲地說：「就因為如此，現在才更懂得珍惜啊！」眼神散發光芒、語氣充滿希望。

可沒多久，逍遙的日子過膩後，她垮著一張臉、無精打采地坐在我面前：「怎麼辦？我好像找不到自己的熱情，這輩子是不是就只能渾渾噩噩地過完啊？」

仔細詢問朋友這段時間上課的心得與內容，她覺得大體上都還不錯，只是真要把所學發展成新的專長，似乎少了一點篤定感。

聽完她的苦水，我笑笑地說：「你不是沒有熱情，你是少了北極星。」

「北極星？什麼意思？」

「打個比喻好了，你這段期間所學的課程，就像是一個個羅盤，它們各自可以指引出不同的人生道路。可是當你不知道自己想去何處？要找什麼時？指針上的方向就一點意義也沒有。

「也就是說，如果你不曉得要去哪裡，去哪裡就都沒差。

「除非，你決定要在浩瀚的天空中找出北極星，那麼你手上的羅盤才能發揮功能。否則再多的羅盤，也只能確定它沒有壞，無法為你定義人生。」

「你的意思是說，我這樣漫無目的地學東西，反而會更拉扯、更不知道該怎麼抉擇。我得先停下來，確定自己在哪裡？要過什麼人生？這些資源才可能派得上用場。」

我點點頭。心裡浮現了許多人的面容，他們都曾徘徊過一門又一門課程中，也許是身心靈的、商業應用的、專業技術的……但對他們來說，上課，就像是收集各大宮廟的護身符，有學有保佑，卻從沒好好實踐課程中所學，只是一堂換過一堂，相信某天遇上某位「明（名）師」，解救自己脫離苦海。

只可惜，就像在愛情中，對的人不是遇上的，而透過不斷地經營，讓人變對；同樣的，在生涯定位中，熱情不是剛好碰到，你需要持續地練習，讓情變熱。

所謂的篤定感，說穿了，不過就是一種打自內心真正的滿足感，一種認真盡力後的快樂。這會讓你覺得自己有價值、活得有意義。

可一件事情要讓你覺得滿足，前提是你願意接受挑戰，穿越困難。蜻蜓點水式的嘗試，是無法找到真愛的。

學習，或許是尋找熱情的途徑之一，但不等於你學會了，熱情就會自己長出來。

羅盤是手段，而不是目的。

人生的北極星，不是某種技巧或專業，而是你想活出來的樣貌。當你能回答得出，什麼樣的生活型態會讓你覺得滿意？羅盤的存在才有意義。

轉個彎這樣想

人生的北極星，不是某種技巧或專業，而是你想活出來的樣貌。當你能回答得出，什麼樣的生活型態會讓你覺得滿意？羅盤的存在才有意義。

靜下心，找出生命中的北極星，
你才能常保熱情。

你不可能愛上一座花園，卻不要裡頭的毛毛蟲

喜歡和討厭是相生相依的，當你懂得安置內心的不滿，快樂的價值才會被突顯出來。

朋友問我：「怎樣才能確定自己的興趣呢？畢業後，我做了不少工作，每一份工作都有喜歡的地方，但也有討厭的部分。我找了好久，可是總少了一份確定感。」

不知道是不是關於夢想的勵志書太暢銷的緣故，讓不少人覺得跪著把夢想走完，是一件很有格調的事情，於是這些年關於天命和熱情的問題，我被問過不少回。

看著這些朋友的眼睛，我知道他們並非不努力，更不是大人口中毫無抗壓性的廢青。當整個世界都在網路上喧譁，大聲嚷嚷著「點我、點我」時，沒人告訴他們生命中真正重要的決定，並不是在堅持中確定，而是在放鬆中確認。

感覺往往會藏在理智之後。就像緊握拳頭，你不會覺得手痠，唯有你鬆開手的那一刻，你才能意識自己的肌肉有多緊繃。

熱情也是，當你一直追它，它也在追你，你得停，它才能追得上。

一件事情如果在努力中找不到篤定，不妨試試在歇息時感受殘留的餘溫，你便會明白自己有多在意。

以我自己為例，我和寫作的關係並非是一見鍾情。

記得高中時，作文還曾被國文老師評「情溢乎辭」、「為賦新辭」；也曾被出版社退稿，讓我失去對寫作的信心。

但就在我擱下筆，放棄出版的念頭後，我發現自己仍舊忘不掉創作的狀態，非常想念那種絞盡腦汁、殫精竭慮，只為了想出一句深刻的文詞，精準表達出內心領悟的快感。

這才發現，原來自己靈魂深處是如此熱愛寫作。於是我重新提起筆，用每天一小句短語，找回對文字的感動，走出一條屬於自己的路。

這樣的情節，也許聽來八股，就像偶像劇裡的男女主角，一開始總要彼此作對、相互拉扯，直到即將失去對方，才明白了自己的心意。

所以，才有人說「學會珍惜最快的方式，是失去」。當你放下某個執著，離開一段距離，卻發現自己仍會想念，就代表那裡頭有讓你心動的理由，也可能是熱情萌芽的所在。

但別開心得太早，喜歡只是開始，一路上你還會遇到大大小小的關卡，你得慢慢學會處理。

一如你不可能愛上一座花園，卻不想要裡頭的毛毛蟲或蜜蜂。少了這些存在，也無法成就花園的美麗。

喜歡和討厭是相生相依的，當你懂得安置內心的不滿，快樂的價值才會被突顯出來。

所謂的熱情，意味的是你有多大的決心去適應你不擅長的事情，讓這些過程成為你夢想花園的養分，在這塊土壤上長出更多美好。

轉個彎這樣想

一件事情如果在努力中找不到篤定，不妨試試在歇息時感受殘留的餘溫。
你便會明白自己有多在意。

逃避辛苦的機會，
等於放棄自己成為更好的人

不論眼前的事情有多難，
只要這件事情，還有你想要做的部分，
那就是辛苦，而非痛苦。

有個孩子留言給我：「爸媽說念美術，將來生活會很辛苦，要我去讀程式設計。可是我真的沒興趣，每天上學都是折磨，難道他們真的認為一輩子做不喜歡的工作，是一件『輕鬆』的事嗎？」

我沒答話，因為我知道他還有一段獨立的路要走。

想起許多年前輔導過的一個學生，被逼著念不喜歡的科系，痛苦到必須拿美工刀割手，才能宣洩心中的憤怒。

在一次激烈的諮詢，她哭著對我說：「小時候，他們都說要讓我快樂學習，不要給我壓力，想學就學，不想學就不學。等我真的找到自己的興趣，想要全力以赴時，他們又跳出來阻止我，說服我那是一份很累的工作，未來一定會後悔，硬要我聽他們的。我不懂，如果現在的我都活得如此痛苦，將來還有可能會快樂嗎？」

出於擔心，我撥了通電話給她的母親，告訴她孩子的狀況。那位母親只是淡淡地說：「沒關係，那孩子情緒來得快，去得也快，過幾天就沒事了。她現在還不會想，不知道一個女孩子要和一堆男生拚建築，會有多辛苦。常常要熬夜畫圖，我就是不想要她太累，才會要她轉系。她將來長大，就會知道父母用心良苦。」

總歸一句「我是為她好」，便想堵住我的嘴，準備掛電話。還是新手的我，急了，很怕就這麼結束這一回合，孩子對於改變自己的未來，就更絕望。

緊握話筒，我可以感覺到自己的聲音在發抖：「阿姨，我想您搞錯了，辛苦和痛苦是不同的兩件事情。任何能力的養成，都必然得經過辛苦的扎根期，因為從陌生到熟悉，是需要時間練習的。沒有人能跳過辛苦，便擁有一技之長。

「但只要是她自己想要，即使過程艱難，仍會為她帶來成就感，相信自己是一個有價值的人。可是如果您讓她去做不喜歡、不想要、違背心意的事，她就算做得來，也還是會很痛苦。

「辛苦和痛苦的差別在於『意願』，而不是旁邊人的感覺。

「您的孩子不怕辛苦，怕無法實現夢想的痛苦。」

電話那頭一陣沉默，我忘了是否有道別，她便放下話筒。之後，我就沒有那學生的消息了，聽說她辦了休學，在家靜養。

許多年後，每當我自己在創作或專業上，遇到瓶頸時，我都會想起那努力捍衛自己夢想的學生，並問自己：「這是不是自己想要的？此刻的我，是覺得辛苦？還是痛苦？」

如果是前者，我相信現在的煎熬，是為了萃取出更美好的精華，當我踏踏實實地穿越困難後，完成的滿足感，會為我洗去一身的疲憊。

假使是後者，且接下來的路，已經不符合我的意志，即使它會為我帶來更多的報酬，我仍會喊卡。

因為辛苦，透過練習和經驗，會變輕鬆。但痛苦不會，在錯誤的決定中，把自己練得更強，只會更絕望。

你問，能不能跳過辛苦的過程，只享受最後的快樂？

那我會說，你就乖乖當個消費者就好，看電影、聽音樂、讀文章、滑照片、吃東西……別去想生產的事。只要有所產出，必然伴隨難度，目的是篩選出誰才夠資格。

靈魂的強度，都是磨鍊出來的。逃避辛苦的機會，其實也等於放棄自己成為更好的人。

不論眼前的事情有多難，只要這件事情，還有你想要做的部分，那就是辛苦，而非痛苦。

觀賞比賽的快樂，永遠不及實際打出全壘打的痛快。

你想當生命的觀眾？還是上場打球的人？

轉個彎這樣想

辛苦是為了萃取更美好的精華，當你踏踏實實地穿越困難後，完成的滿足感，會為你洗去一身的疲憊。

做什麼事情即使辛苦，你依舊在所不惜？
試著把它找出來，放到人生的爐火上，慢慢熬，細細燉。

做最好的準備，但不用準備到最好

有些東西上路後，
你自然會找到補給的方法，
不需要把所有家當都背在身上，
才能冒險。

有朋友問我：「當初是怎麼下定決心辭去教職？怎麼知道自己計畫好了，可以上路了呢？要做多少準備，才能安然度過青黃不接的階段？」

由於知道這位朋友，正處在生涯重要的轉折點，我沒有急著回答他表面的問題。因為在這些問題背後，我聽到的是一份擔心，所以真正需要處理的不是「怎麼知道」準備好了沒，而是「為何需要知道」。

面對未知，焦慮是必然的，也因此我們會想要多一點的確定、長一點的安排，來穩住自己動盪的心，企圖讓慌亂不再巨大。

可也正因為我們太需要安全感，常常讓自己活得太謹小慎微。於是我反問他：「如果你要去美國生活一年，你會準備多少日常用品？一個月份的，還是一整年份的？」

他不假思索地回答我：「當然是一個月份的就好！行李超重有多貴啊！到了當地，不夠再去買就好！」

聽完他的回答，我用力地點頭，稱讚他的彈性後，冷不防地再反手接著問：「那你有想過生涯轉換，就和去美國一年是一樣的嗎？」

如果你覺得離職前，需要把接下來所有財務缺口都補足後，才能動身，那麼你就會被自己的期待給壓死。而且拖著沉重的行李，哪裡也去不了。有很高的機率是，你年復一年地在原地計畫著何時要出發。

有些東西上路後，你自然會找到補給的方法，不需要把所有家當都背在身上，才能冒險。

關於改變，我常常會告訴自己：「做最好的準備，但不用準備到最好。」計畫不代表行動，別讓準備成為你拖延的理由。

轉職，就像旅行，不管你在台灣做了多少功課、讀了多少文章、看了多少照片，都不代表你真正了解希臘。唯有你親自動身，坐上飛機，踏上希臘土地的那一刻，你才能體會地中海的雲有多白、海有多藍。

不管你聽了多少成功故事、認識再多名人雅士，別人的經驗永遠只是參考，不能取代你真實的探索。

就像地圖不等於世界，無論地圖上的標誌有多精確，它終究只是一個符號，而不是真正的景物。當你低頭忙著研究紙上的資料，你就會忘記抬頭，看看四周，也許你最想攀登的山頭，就在前頭。

每個人的生涯都是獨一無二的，聰明的人懂得參考別人的經驗，避開可能的危險，但他絕對不會想要依樣畫葫蘆。

因為他明白跟著別人的腳步，永遠都會晚人家一步。

喜歡電影《八月心風暴》裡的一句台詞：「好險，我們無法預測未來，否則，就只能躲在床上，下不來了！」

關於生涯裡的不確定，別當它意外，請叫它驚喜！換個角度想，正因為未知，才有無限可能！

轉個彎這樣想

當你低頭忙著研究紙上的資料，你就會忘記抬頭，看看四周，也許你最想攀登的山頭，就在前頭。

風格，就是成為唯一的自己

「風格」，
就像是每個人身上獨特的味道，
自己不管再怎麼用力嗅，都嗅不到，
但別人卻一聞就能辨別。

那天，剛領到碩士證書的學妹找我喝下午茶，想找人說說話，一解畢業即失業的焦慮。

坐定後，沒多久，學妹便開門見山地問：「學姊，你經營市場這麼多年，有發現在的消費者比較喜歡哪個諮商取向嗎？這幾年阿德勒和薩提爾，好像特別紅，我有需要再去拿一個學派認證，讓自己更有說服力嗎？」

聽完學妹連珠砲地提問，我苦笑搖搖頭，要她別病急亂投醫，可也明白為何她會覺得被某個光環籠罩，是一件比較有保障的事情。

跟著浪潮，感覺可以替自己省下一點游泳的力氣，但麻煩的是，你不會知道現在跟著這道浪，是在頂峰還是低谷。

其實不管哪一個行業，被「分門別類」似乎是大家都躲不開的命運，目的是讓人可以更快地定焦對位。

就像一談到室內設計，客人很快就會問設計師擅長哪一種類型？是北歐風、工業風，還是現代風？

和朋友相約看電影，得先確定今天要看的是動作片、推理片、驚悚片，還是浪漫愛情片？

一起到KTV唱歌，就要分舞曲、搖滾、爵士、嘻哈、抒情，還是民謠老歌？

而創作這些作品的人，往往被人牢記的不單單是一個名字，而是加在名字前的封號，圈圈大師、叉叉達人。

好像你若沒有依附在某種分類底下，就沒有特色，不具風格。

可風格，真的是刻意求來的嗎？

關於風格這件事情，我也尋覓許久，亦曾刻意模仿崇拜許久的大師，落筆或說話的調性，可沒多久就會遇到瓶頸，不得不放棄。

慢慢地，我體會到「風格」，就像是每個人身上獨特的味道，自己不管再怎麼用力嗅，都嗅不到，但別人卻一聞就能辨別。且形成後，不管怎麼洗也洗不掉。無論換了哪一家沐浴乳、洗髮精，即使配方一模一樣，留在你身上散發出來的香氣，就是會跟別人不同。

就好比音樂說到底，只有七個音符，但周杰倫譜出來的曲，就是會跟林俊傑不一樣，你若是粉絲，很快就會分別出來，可是創作者在創作時，並不會特意去想「我要寫出一首符合周氏情歌的旋律」，他只是隨著心中的感動，在適合的位置落下音符。是後人將之歸納定位成某一個類型。

刻意模仿別人的作法，像是灑了一大罐香水在自己身上。儘管很容易就被發現，可你無法確定別人會怎麼知覺這味道，是香的，還是臭的？

不論你從事的是哪一種創作，影像也好、文字也罷，或是和人的交流，使用過多別人的技巧，就像是在電梯裡，遇到一位灑滿古龍水或香氛的男人女人，只會讓人屏住呼吸。

適度的香味，是一種點綴，留下一股淡雅的清香，若有似無，反而會讓人回味。

這世上沒有全新的創意，有的只是更高明的改寫，當你能將這些材料消化、吸收、變成自己獨有的氣味，你就走出一條屬於自己的道路。重要的是萃取的過程，而不是原封不動地複製。

對我來說，風格，更是一種生活的態度，你的一言一行都會反映在你的作品上。即使你不需要創作，你仍會保有你說話的方式、思考的慣性，那些就是你留在別人心中的味道。

我很喜歡主持人蔡康永說過的一段話：「有風格的料理師傅，是不會任憑客人想點什麼，就做什麼的。客人可以要求吃生魚片，可是有風格的師父，會決定此刻最適合做生魚片的，是哪一種魚。」

午茶結束前，我拍拍學妹的肩，告訴她：「大眾可以流行崇拜某個大師或學派，但他們記住的永遠是那已經逝世者的稱謂，不是你的名字。

「在大師名號下學習，就像到連鎖餐廳學習廚藝，系統化的流程讓人能快速上手，可也少了一點差異性，即使手藝精湛，同樣的菜端上桌，客人也分辨不出來。如果你仍舊渴望有自己的一片風格，適時地離開，才有機會醞釀出自己的味道。舊路走不到新地方，無人走過的小徑，儘管荊棘，卻也因此才能讓你遇上驚喜，不是嗎？」她點點頭，若有所思地喝完最後一口咖啡。

望著她離去的步伐，我默默在心裡祝福。

親愛的朋友，面對生命的抉擇，無論你想去千篇一律的老街，還是別有洞天的祕境？都好，只要記得當初為何要出發。

轉個彎這樣想

這世上沒有全新的創意，有的只是更高明的改寫，當你能將這些材料消化、吸收、變成自己獨有的氣味，你就走出一條屬於自己的道路。

理想和夢想的差別

「夢想」不是拿來實踐的，
而是留給人們一種無限的想像，
讓創意可以躲進夢的國度中悠遊。
真正能達成的，叫「理想」。

有天坐在小小的諮商室裡，看著來訪者的名字，回想起他們形形色色的面孔，發現大家雖然有不同的性別、職業、個性，可真正關心的，卻始終不脫「人際」和「生涯」兩大主題。

特別是「生涯」這個議題，不同階段想要的東西，非常不一樣。

青春洋溢的孩子很猶豫，該不該趁年輕，勇敢辭職、打工換宿、看看這世界？

屆臨中年的朋友很焦急，是不是該踏出舒適圈，嘗試創業、走出自己的一片天？

髮鬢斑白的長者沒頭緒，放下經濟重擔後，能不能彌補過去的遺憾、找到熱情？

聽著他們的故事，我心裡從沒一個答案。因為我了解阻礙他們實現心願的原因，從來不是「年紀」。

年輕的孩子不見得比年長的朋友，更有時間蹉跎；成熟的大人不一定比青澀的孩子，更有本錢揮霍。

如果他們一直把想做的事情，定義成「夢想」，那麼這條路就算跪著，也很難走完。

因為「夢想」不是拿來實踐的，而是留給人們一種無限的想像，讓創意可以躲進夢的國度中悠遊。真正能達成的，叫「理想」。

我一直很希望這輩子能寫出一本小說，但我情願把這個期待當成是一個理想，而不是夢想。

因為是「理想」，我才能「理性」看待，而不會太過感性與浪漫。更重要的是，我不會忘記任何計畫的實現，都需要有財務作為支援。

以我自己為例，創作需要紀律，所以我需要「理性」幫忙規劃時間，抓緊意志；寫作十分清苦，因此在攀上頂峰之前，我需要其他的工作和良好的「理財」能力，來讓這件事情得以持續。

我不希望有天，後人打開我的維基百科，上頭記錄著此人因收入拮据，營養不良，飢寒交迫而亡。

也就是說，「理性」和「理財」，是讓想像得以成真的一雙腿，少一隻都辛苦。這麼說並不浪漫，也不勵志，可才是真正對生涯負責的作法。

於是回到諮商室中，不管哪一個年紀的個案來尋求生涯的建議，我總會問他許多實際的問題，以確認他是否真的做好準備，還是只是被網路世界的花言巧語給矇騙。那些熱血、激昂的文字，有強大的魔力讓人瞬間掉入夢幻般的想像，可現實卻充滿荊棘與考驗。

荊棘的存在不是為了嚇阻，而是教會我們謹慎前行。如果你想做的事情如此珍貴，那麼它值得你用清醒的態度，對這個世界的遊戲規則，了解得更多也更深。

而不是活在自己的夢裡，讓夢想一直停留在想，而未來也一直沒有來。

人可以有理想，但不一定需要有夢想。逐步踏實，也許不是那麼潮，但至少不會造成自己和他人的負擔。沒有人需要配合你的夢想，奉獻自己的時間或金錢，如果你連自己都搞不定，一提到數字就自動當機，一談到進度就馬上頭痛，那麼還是讓這些想法停在想像裡吧！至少它不會讓你傷心。

更不要隨便叫人辭掉工作，勇敢追夢，如果你不確定他能活多久。說話的人只需要一分鐘的力氣，可聽進去的人，得花一輩子面對這個決定。

結不結婚、生不生孩子、有沒有夢想、追不追夢，都是個人的選擇，沒有人能保證另一個選擇一定比較好，你看過的美景，不見得是觸動他的畫面。

更別因為別人的精彩，而否定自己的平凡。小吃店能帶給人們的飽足，不一定會輸給大飯店的精緻。關鍵點在於你對自己想玩的遊戲，規則都了解透澈了嗎？是否願意承擔相對應的責任與後果？

如果答案是肯定的，那麼去吧！去實現你心中的藍圖，但別忘了，帶上尺和筆，讓理想有現實的數據做依歸，隨時保持修正，你的城堡才會更牢靠。

轉個彎這樣想

如果你想做的事情如此珍貴，那麼它值得你用清醒的態度，對這個世界的遊戲規則，了解得更多也更深。

拒絕，是為了專心擁有你真正在乎的事情

少了那些塵囂，
心才能保持乾淨與安靜，
進而把作品雕琢得更好。
那些朝思暮想的肯定與報酬，
便會隨之而來，無須強求。

午夜十二點整一過，叮咚！叮咚！叮咚！

手機提示音，響個不停，點開通訊軟體一整排未讀的訊號，滿滿的留言，是家人朋友的關心，道賀新年的來臨。

不論平常是否有聯繫，這個夜晚似乎是最方便打擾的時刻，提醒彼此，生命曾經交集過。

我一一點開或大或小的數字，例行性的瀏覽和回覆，直到一個熟悉的姓名，讓我停下指尖。

他到異鄉打拚已經有三年了吧！不曉得這些年發展得如何，從對方捎來的罐頭圖片，實在看不出任何端倪。若也只回張貼圖，就錯過這個難得的交流機會，為了表達惦記，我選擇在鍵盤上敲下幾個字。

「哈囉，好久不見，近來好嗎？」

「老樣子，就是忙。前陣子從朋友那，看到你的文章，你真的踏上寫作這條路了。」

「瞎打誤撞罷了！你呢？當年的夢想還在嗎？」

「還算在吧！我開了間公司，日子過得去，前陣子有不少媒體想要採訪，可被我拒絕了？」

「拒絕？不可惜嗎？」我像個菜市場大媽在還沒搞清楚狀況前，就開始指手畫腳。

「或許吧！但我不想讓那些喧譁的聲音，打亂自己的節奏。」

朋友花了一點時間，告訴我這段時間他做了什麼努力，讓本來默默無名的小店，開始受市場關注。剛起步時，他也曾希望藉著媒體的力量，讓自己的品牌能讓更多人認識。懷抱著一夜爆紅的夢，想要快速成為勝利組。

可是，胼手胝足走過最辛苦的扎根期，他慢慢看懂整個生態，說穿了就是一場獵人和獵物的遊戲。如果你想要利用別人的資源，你就得創造被利用的價值。

但沒人能保證被利用後，你會得到想要的結果，很可能你嘔心瀝血打造的王國，對方卻用輕忽的態度敷衍了事，只是想透過你吸引更多眼球，壓根就不在乎這篇報導出去後，對你所造成的影響。

朋友說，這麼多年跌跌撞撞，他終於懂了，如果你心中很清楚自己想要的是什麼，那麼「拒絕，就是為了專心擁有你真正在乎的事情」。

少了那些塵囂，心才能保持乾淨與安靜，進而把作品雕琢得更好。那些朝思暮想的肯定與報酬，便會隨之而來，無須強求。

朋友這番體悟，讓我想起賈伯斯也曾說過類似的話，他相信「這一生你最重要的決定，不是你要做什麼，而是你決定不做什麼。」

不做，明明比較簡單，不行動就好，怎麼會是關鍵點呢？

我想這段話若要成立，有一個更重要的前提是，你必須很明確地知道自己要走去哪裡？要活成什麼樣子？

否則，你的拒絕，充其量只是抗拒改變的盔甲，把自己隔絕在世界之外。可是不拒絕，也不代表你就是一個擁抱冒險的人，你很可能罹患的是另一種「承諾恐懼症」。

表面上是積極穿梭在各種有趣的事物裡，找尋發光的機會，卻無法在任何一處扎根，不停地換方法、換興趣、換工作、換伴侶，只要一遇到一點壓力，就逃開。

因為骨子裡，這種人並不想對任何事情下承諾，他認為一旦給了諾言，就意味著失去自由，得負擔責任，他就不能像個孩子般，繼續玩世不恭。

真正成熟的人，絕對體驗過承擔的滋味。

拒絕，是條鋼索，到底你是抗拒改變，還是堅定地做自己，往往只有一步之遙。

要能知道這個答案，終究你得靜下心，好好問問自己現在人在哪兒？準備出發去哪兒？才可能在地圖上畫出路徑。

否則當你漫無目標地走在路上，你是無法抵達任何目的地的，可同時，你也達成了你的目標，叫漫無目的。

如果你什麼都要時，就什麼也得不到。就像過橋的狗，如果貪戀水中倒影的肉塊，在牠張口的那瞬間，牠就會一無所有。

在深夜時刻，和朋友的這番對談，就像蘇格拉底般提醒著我，新的一年，一定要記得自己最想活出什麼模樣？如此，當各式各樣的機會來到面前時，才不至於亂了陣腳。

專心地走自己的路，謝卻的不後悔，堅持的不放手。

珍惜，不只是緊緊握住擁有的東西，更是一種取捨，把心留給最值得在乎的地方。

轉個彎這樣想

如果你心中很清楚自己想要的是什麼，那麼拒絕，就是為了專心擁有你真正在乎的事情，而非抗拒改變。

寫給生命的情書

所有悲傷的人，
背上都有一道傷。
或深或淺的傷口，
總有癒合結痂的一天。
痛會過去，
傷痕會留下。

那天，你讀完了我剛上架的新文章，嘴裡唸唸有詞：「這麼會寫，什麼時候有機會輪到我，成為你故事中的主角啊?!」

我沒接話，腦中浮現幾位攝影圈和廚師界的好友，他們似乎也都把最好的作品留給了旁人，最親近的家人連一張合照和一桌好菜的時間，都顯得奢侈。

因為太靠近，總忘了要惦記。

你打趣的話，在我心中迴盪了數天。我認真地想，如果真要為你的生命寫一首詩，我最想記錄的是哪一段經歷？忽然間，有個數字跳進我的腦中。

你曾問過我：「你知道幾年份的威士忌最好喝？順口，價格又合理嗎？」

我搖搖頭，要你別賣關子。你淡淡地說：「是十二年。」

「為什麼是十二？」我不假思索地問。

你帶著一點滄桑的語氣，緩緩地說：「十二年，能讓一個孩子，褪去一身的稚氣，開始有了大人的模樣。在那個關鍵的轉折點，你會聞到一股迫不及待成熟的香氣。

還有，你可曾發現十二是中國人最喜歡呈現時間的刻度，一天十二個時辰、一年十二個月、一輪十二個生肖。當每個月份都歷經了屬於它自己的年頭，相乘起來就是一個等距的正方體，裝載著一個世代更迭，宣告不同思維的交替。」

「所以你喜歡這個年份的酒，是因為你喝得到時光的推移，完整發酵的厚度。」

你笑而不答，我知道你的人生也藏著一瓶酒，你正等著它散發最香醇的滋味。

二〇〇五年是你生命中的低潮，工作上的不順利，使你逃到了書本的世界，甚至開始錄製有聲書評。這對少時不讀書、總在留級邊緣的你，是巨大的改變，沒人覺得你是認真的，頂多逢場作戲。

我也曾問過你，為何是書？

你說正因為壞到不能再壞了，乾脆就去做一件自己原本最不拿手的事情，看看情況還能多糟？

那時，你的生命出現了一道深深的裂縫，你縫不起來、你不知所措，唯一記得的事情是父親離開前，告訴你：「要做一個對社會有幫助的人。」

有聲書評像是一塊浮木，幫助你在那段情緒的波濤中，暫時有個依靠，不會耽溺在黑暗裡。

你拚命地讀、用心地準備，對著錄音筆反覆地排練，沒有掌聲、沒人問候，有的只有長長的沉默。感覺像是被世界遺棄了，卻還不死心地想要留言挽留。

一則則書評，是你給生命的情書，寄託著你無處發揮的才華。

偏偏命運是個不浪漫的情人，書評從未為你謀得一職半位，它只是靜靜地成為你生活的旋律，定期演奏，即使無人喝彩。

但沒有裂縫，就看不見陽光。

當年的那道傷，使你踏上了自修之路，在一次次的訪談中，體悟溝通的真諦，才有今日你胸前的勳章。

寫著你的故事，我終於明白，所有悲傷的人，背上都有一道傷。或深或淺的傷口，總有癒合結痂的一天。痛會過去，傷痕會留下。傷痕不是用來後悔的，它是在提醒自己曾多麼勇敢，只要你願意把目光落向前方，你就能把傷背在背後，成為你生命前進的動力。

親愛的，再過一個月，時序就要進入二〇一七年，也是你持續寫信給生命第十二個年頭。

這一路，我見證了你的堅強與勇氣，這瓶酒你釀了這麼多年，風味早已成熟，醉人的不是那一本本的書，而是你穿越了生命的考驗，淬煉出最深的體會。

如今，這塊浮木對你的意義已大不相同，可它卻能夠代替你，在世界的各個角落陪伴有需要的人們，因為他們會在你的聲音中，聽見堅持。

（寫於二〇一六年十二月）

轉個彎這樣想

傷痕不是用來後悔的，它是在提醒自己曾多麼勇敢，只要你願意把目光落向前方，你就能把傷背在背後，成為你生命前進的動力。

Chapter

2

自由來自於你願意面對多少限制

成長篇

沒有一個道理
可以用一輩子不改變，
就像你不會永遠穿十五歲的衣服

人生的道理，就像衣櫃裡的衣服。
沒有對錯，只有時機。

演講結束，人潮散去，一位陌生的清秀女子朝我走來，小小聲地說：

「您好，我有個疑惑可以請教您嗎？」

「請說。」

「我追蹤您的臉書一陣子了，很喜歡您的短文和文章，但我發現您分享的內容，彼此之間有抵觸。有時，要與人為善、學會放下寬容；有時，又要有正面處理衝突的能力。到底該怎麼做才好？」

「這是一個很好的問題。在我回答之前，我能不能先請問你，每天出門前，你是怎麼決定今天穿什麼衣服？」

女子蹙眉：「看天氣，還有那天要見面的人或場合決定吧！」

「所以，穿得恰不恰當？取決於環境的需要，而不是衣服的本身。」

女子眼神有光、嘴角上揚，似乎懂了一點什麼，我猜她找到適合自己的答案了。

關於處世的道理，我喜歡拿衣服當比喻。

生命不同的階段，需要不同的信念。

年輕時，因為想法單純、挑戰單一，像是「有志者事竟成」就足以應付變化。漸漸地，角色多元，關係複雜，「選擇比努力重要」突然變得十分激勵。再後來，嘗盡人生百態，見過波瀾壯闊，「一切自有安排」給了剛剛好的療癒。

這些道理都對，卻也可能都不對，關鍵點在於「誰」使用與「何時」用。

不過，也有些人覺得找到一個普世、萬用的規則很重要。他們總是用刪去法，判斷哪些話非常厲害、值得參考，哪些話不夠包羅萬象，聽聽就好！因此，他們不斷地尋找、不停地攀附。

但其實這種想法，很像你想要找到一套衣服，既適合約會，又能穿去上班，還要登山旅遊。

有可能嗎？又何必為難自己？

我們之所以會認同某一句話，往往不是那句話說得特別好，而是因為你曾經有過類似的體會。對於熟悉，我們總多了一份好感。

然而，人們常會忽略一件事情，信念是有時效性的。某一個想法，也許在你低潮時，拉了你一把，但隨著你生命往下走，當初給你力量的觀念，如果不能適時地調整、轉換，很可能成為下一次失敗的肇因。

我常常看到有些人，儘管外表看起來已經三、四十歲，但心理年紀卻仍留在童年或青少年階段。以至於越活越辛苦、越活越侷限。那感覺就像你看到一個三十五歲的人，卻堅持穿著十五歲的衣服，不管是尺寸還是款式都不合時宜，可是對他來說，那件衣服曾帶給他許多美好記憶，以至於他怎麼樣都脫不掉，緊緊抓住不放。

曾經我也是一個喜歡穿T恤、短裙、短褲、高跟鞋的女孩，迷戀自己腿部的線條。可是，隨著生命階段不同，這些衣服不再占滿我的衣櫥，取而代之的是各種不同功能的衣物，套裝、洋裝、長褲、襯衫、瑜伽服、球鞋、平底鞋……以應付各類場合的需要。即使想念熱褲少女的直率，也不能從一而終。

那無關身材，而是心境。

同樣的，人生的道理，就像衣櫃裡的衣服。

沒有對錯，只有時機。

不同的觀念，各有適合展演的時刻，不能放在同一個水平上比較優劣、好壞。

有時，你需要果決、把握機會；有時，你得學會放手、順其自然。所有的道理都是你的資源、也是你的工具，目的是過一個更滿意的人生。

挑一件對眼的衣服，上路吧！假如覺得不合身了，就換一件吧！

轉個彎這樣想

某一個想法，也許在你低潮時，拉了你一把，但隨著你生命往下走，當初給你力量的觀念，如果不能適時地調整、轉換，很可能成為下一次失敗的肇因。

問問自己，在生命的這個時刻，想穿什麼衣服？
穿什麼上路會讓你覺得合適？

自由相對論：你的輕鬆是拿希望去換的嗎？

保有了一小寸自由，
卻失去一大片可能。
表面上看似無拘無束，
可是底層卻撐不起任何意外。

一個年輕朋友問我：「有沒有什麼溝通絕招或祕密武器，可以讓父母停止干涉孩子的生活？」他實在受不了爸媽成天嘮叨、管東管西，連吃個鹹酥雞都要詛咒他得病。

我沒有直接回答他的問題，反而跳 tone 地先問：「你現在還跟爸媽住在一起嗎？」

朋友聳聳肩、一派輕鬆地說：「對啊！這樣比較省生活費。」

「那你現在的工作是？」

他秀出外套下的制服，挺驕傲地回答：「我在這間連鎖咖啡店兼職，福利還不錯，工作也挺有趣的。」

聽完他的回答，我接著又問：「你接下來有什麼計畫嗎？轉正職？挑戰管理職？還是保持目前的生活？」

他皺著眉，咬了咬嘴唇，搖搖頭說：「我只想兼職就好，不想要被工作綁著，保持自由，這樣才能做自己想做的事情。工作應該要為生活服務，而不是生活為工作效勞，不是嗎？」語畢，他驕傲地抬起下巴，彷彿自己活出陶淵明風範，誰說人一定要為五斗米折腰。

我點點頭，理解了他的邏輯，可也瞬間明白為何他的父母會讓他心煩。

不過，依我看來，短時間內，他的問題是不可能有解藥了。

因為此刻的他，對於自由的理解，仍舊只停留在「時間」的長度，而沒有意識到「空間」的寬度。

他覺得可以自己決定上下班時間，不用負擔管理責任與加班風險，是一種對生活的掌控。

卻沒有發現這般「輕鬆」的日子，是他拿「希望」去換的。

因為住在家裡，所以他還能像個孩子般，不需要負擔家務、日常開銷，但他得承擔爸媽不會把他當作真正的大人看待，抱怨和碎唸是必然的結果。他對這個家沒有具體貢獻，自然沒有發言權。

他得放棄良好溝通的期盼。

因為兼職打工，所以他可以扮演旁觀者，不用承擔公司的營運壓力，但他得接受主管不會對一個游離者委以大任，呼之則來，揮之則去是必定的下場。他對公司沒有向心力，自然沒有影響力。

他會損失成長磨鍊的機會。

因為不下承諾，所以他可以維持距離，四處嘗試體驗，做任何決定只考慮好玩與否，不需要思考太多的後果、歷經蛻變過程的辛苦。但他得負擔時間流逝的成本，健康的耗損與日益老化的身體。他對生命沒有渴望，自然沒有驅動力。

他無法體會喜極而泣的眼淚。

他得放棄對未來的想像，才能把自己拗進現實的小方盒中。

他保有一小寸自由，卻失去一大片可能。表面上看似無拘無束，可是底層卻撐不起任何意外。

但這些話，我不急著告訴他，畢竟我自己也花了很多年，才明白一個人唯有在財務獨立後，才可能有真正的自由，不需要為生存妥協。

自由雖然不是錢買得到的，卻會因為錢而賣掉。在某種狀態下，被迫接受一個自己不喜歡的選項。就像他基於經濟考量住在家裡，勢必就得犧牲一部分的清淨，忍受不舒服的互動。

相反的，搬出來住，得承擔較大的生活壓力，付出更多心力在工作上，但擁有更多個人的空間。

究竟是犧牲一部分的物質，換回多一些的尊嚴值錢？還是忍耐一下叨唸，省下龐雜的支出划算？這個問題，我無法替他回答。

但如果他堅持溝通不良的起因是爸媽，並且把改變的責任放在爸媽身上，他就住進被動的牢籠。

最後，我拍拍他的肩，跟他說：「這個問題的解藥不在於溝通技巧，而是你準備長大了嗎？」

他一臉狐疑地看著我，期待我更多的解釋。可我只是輕輕頷首，送他一抹微笑。我想哪天等他足夠成熟，自然會了然於心。

希望終有一天，他能明白自由的真諦，不在時間的長短，而是選項的多寡。

轉個彎這樣想

一個人唯有在財務獨立後，才可能有真正的自由，不需要為生存妥協。

追求完美，不該是你用來拖延的遮瑕膏

一次次的錯過，
該把握的沒抓牢，
該珍惜的沒在意，
揮霍時間，
最後變成難以補救的過錯。

朋友問我：「不曉得你有沒有這樣的經驗？明知道兩天後要考試、交報告，但今天卻怎麼樣都提不起勁念書或寫作。寧願擦地板、洗廁所、滑手機、轉遙控，就是不肯坐在書桌前幹正事。」

我用力地點點頭，回答她：「這種以打掃為名，行逃避之實的症狀，常常發作啊！特別是有交稿壓力時，發病的頻率會直線上升，副作用是那陣子家裡會特別乾淨，只差抽油煙機沒拆下來洗。」

朋友被我逗得發噱，兩眼瞇成一條直線：「那你是怎麼治療這種拖延病啊？」

「很簡單，三折肱而成良醫。多送幾次加護病房，你就知道平常要勤保養，別事到臨頭搞死自己。」

身為文字工作者的我，非常能體會面對一大片空白檔案、螢幕乾淨到連指紋都看得到、隨便打幾個字上去，彷彿就玷汙了原本潔白無瑕的畫面，怎樣都克制不住的焦慮感，讓人如坐針氈。理智上知道早該動手，但心裡卻有千百個不願意，做什麼都好，就是別開始。

表面上看起來在悠哉地滑手機、追劇，但腦袋卻塞滿工作，既不能好好休息，也沒有好好工作。就像身處在無間地獄，無法靠岸，只能持續受苦。

拖延，並不是什麼罪大惡極的毛病，但它確實會對生命帶來不小的影響。

因為拖延，別人可能經常對我說：「過了，那就算了。」

不被期待久了，我也學會低潮時，安慰自己說：「算了，很快就過了。」

一次次的錯過，該把握的沒抓牢，該珍惜的沒在意，揮霍時間，最後變成難以彌補的過錯。

有人說，拖延的人是因為害怕失敗，所以躊躇不前。

而這些人之所以不願意迎接失敗，並不是推卸責任，而是太想把事情做好，也就是完美主義作祟，才會裹足不動。

這些道理我也懂，但有時仍會因為太想要得到肯定與認同，而變得近鄉情怯。

好幾次，把文章 po 上網，留心的並不是文辭優不優美、涵義深不深刻，而是有多少轉分享、按讚數。迷失在數字的沙漠裡，越追越渴。

我開始變得挑剔，覺得寫這個不夠有共鳴、寫那個太敏感，然後，一個字都生不出來。答應自己的稿子，一延再延，寧可放空瞎晃，也不願筆耕創作。天黑了，再安慰自己說：「反正寫興趣的，不寫，並不會餓死，也沒人會發現。等明天睡醒，就會知道要寫什麼」。但事實上，當我不願意奮力斬斷拖延的念頭，每一個變成今天的明天，都會和昨天相同。

躲得開寫作的焦慮，卻躲不開對自我的期待。

這才發現逃避一件事所花的力氣，基本上跟面對它所需要的功夫，是一樣的。

只是，結果卻很不一樣！

於是我開始學著把焦點放在起跑點，而不是終點線。

儘管我仍對自己有期待，但我不再追求「完美」的結果。因為完美本身就是一個脆弱的狀態，只要有一個人反對，完美就會被破壞。當一個人過於努力追求十全十美時，他其實是把快樂的權力交給別人。

追求完美，絕對不是我用來拖延的遮瑕膏、愧疚的麻醉藥。

我告訴自己：「你不為自己擬定計畫，別人就會對你設下期限。」

拖延這種病，當我只專注於碰得到的起點，不去煩惱看不到的終點，往往就不藥而癒了。

也許你不像我，需要寫稿或創作，但在面對生命的課題時，可能是一份該辭去的工作、一項該回絕的要求、一次該爭取的機會、一段該處理的關係……你又是怎麼回應的呢？

拖延著不去處理，或許不會造成你立即的損失，但它也無法帶給你真正的快樂。

開始是一種習慣，確定是一種勇敢，實踐是一種驕傲！

你今天，開始了嗎？

轉個彎這樣想

拖延這種病，當你只專注於碰得到的起點，不去煩惱看不到的終點，往往就不藥而癒了。

面對改變，難的不是方法，而是知道「不知道」

要讓一個人改變最困難的地方，
從來都不是學習新的技巧或方法，
而是他得有「問題意識」。
從「不知不覺」的狀態中醒來。

「老師，星期五以前，你必須把資料寄來，謝謝。」

一早醒來，收到邀約單位的來信，簡短的一行字，讓原本厚重的睡意，瞬間消散。

望著這行字，我斟酌著要不要告訴對方，這樣的用詞遣字並不適合放在此段關係中。但腦子轉了轉，最後仍舊選擇一笑置之。

我相信這個承辦人員只是認真想要把事情做好，也許這是他的習慣，他並沒有想要冒犯我的意思，只是他「不知道」這樣的文字隱含著命令的意味。假使他「知道」這句話背後帶給人的感覺，我猜他就不會這麼說了。

但偏偏他「不知道」自己「不知道」。

所以這時候，以我們的信任程度，要是我告訴他這句話不恰當，他很可能只會覺得我大驚小怪、龜毛難搞，而無法了解我試圖傳遞給他的意思。

直到有一天，他也被別人這麼對待時，他才有機會發現自己過往忽略的。

但有趣的是，當他「知道」自己「不知道」的那一刻，他也就脫離無知了。

從此，就回不去「不知道」的狀態，甚至會比以前更在意別人「知不知道」這個細節。熱心一點的人，還會四處分享自己的體驗。

而這樣的體認，落實在教學與治療實務上，更顯深刻。

在我的日常對話中，經常出現一個問句是：

「老師，我覺得你的課很棒，我想要我老公（小孩、老闆、部屬……舉凡所有造成他生活困擾的人，他通通想送進來）來參加？要怎麼讓他來啊？」

功力還不夠深厚時，我很容易被這種問題給迷惑，開始認真跟對方討論，怎麼影響身旁的人做新的嘗試？但挫折的經驗多了，面對類似的問句，我通常只會笑笑地說，「緣分」到了，就走進來了。

當然，這裡的「緣分」是有但書的。

我們試著回到提問人的狀態，他之所以會踏進教室學習，或是尋求專業的諮詢服務，往往都是因為在生活中，已經面臨到某些困境，造成他的痛苦，因此他有動力花錢、花時間去改變現況，了解自己究竟哪裡不足，進而調整。

也就是說，他「知道」自己「不知道」一些東西，即使還不清楚詳細缺乏的內容為何，但已經有的匱乏與力有未逮的感覺，都會驅使他做出改變。

可是他身旁的人，不見得有跟他一樣的心路歷程，很可能他們覺得保持現狀是很舒服的狀態。這時候，你拚命地說服他還沒意識到的問題，他只會覺得你在挑毛病，很少人會願意挪動角度，移到你的位置，感受你的迫切。

就像小時候，大人要我們別熬夜，早點休息，注意健康。可當我們健康還沒出問題時，是很難揣測失去健康的代價。

我們「不知道」犧牲健康是怎麼一回事，但爸媽知道，所以他們想用過來人的經驗提醒我們。可絕大多數這種溝通結果是挫折的。

於是他們只好撂下一句「你老了，就『知道』」。期待我們「知道」的那一天，還不算太晚。

談這麼多，我想要表達的是，要讓一個人改變最困難的地方，從來都不是學習新的技巧或方法，而是他得有「問題意識」，從「不知不覺」的狀態中醒來。

你無法叫醒一個裝睡的人，除非他願意醒來。

唯一能做的事情是，把自己清醒的時光活得充實快樂，讓他發現沉睡是一件無趣的事，他自然就會願意睜開眼睛了。

當你有勇氣承認自己無知時，其實已經距離智慧又多前進一點點。

轉個彎這樣想

把自己清醒的時光活得充實快樂，讓他發現沉睡是一件無趣的事，他自然就會願意睜開眼睛了。

別讓你的優秀，阻礙了明天的成就

能力太好的人常常會覺得孤單，
因為他們總忘了留下入口，
讓人可以走得進來。

幾個月前，在一次出遊的過程中，巧遇一隻親人的貓咪。

那天，剛好寒流過境，可能是太久沒有進食，牠跑到我和友人的跟前，擋住我們的去路，用最後一絲力氣，發出微弱的嗚咽聲，一雙無辜的大眼睛直盯著你瞧，叫人好不心疼。我只好把背包僅存的「米香」剝一點給牠，看牠願不願意吃進肚。

也許是真的餓昏，牠毫不遲疑地吃起我手中的零食，吃完還不斷舔拭我的手掌，珍惜殘餘的糖漬，因為說不定下一頓飯會是五、六天後。

看著牠瘦弱的身軀，實在不忍心讓牠繼續在大雨中發抖，只好牙一咬，把牠撿回家了，並喚牠「米香」。

幸運的是，米香個性相當溫馴，無論你怎麼熊抱、撫摸、捉弄牠，牠從不出爪傷人，頂多咕噥幾聲，要你別抱太緊。也不會亂抓家具，破壞物品、很愛乾淨，堪稱喵星界的模範生。

只是米香有一個小小缺點，讓我十分困擾。由於長年流浪在外，三餐不繼，任何一點飢餓的感覺都會讓牠感覺恐慌。因此，只要家裡一出現食物，牠會像失控列車，朝你加速前進，並以迅雷不及掩耳的速度，將食物叼走，防不勝防。

以至於我每回做菜都要像防賊般，把做好的料理藏到房間，絕對不能大剌剌放在餐桌上，任由牠掠食。

畢竟人貓殊途，攝取太多人類食物無益於牠的健康。我只好一次次制止、管教，希望牠能慢慢學會新的規矩，讓人和貓都能在同一個屋簷下，安穩的生活。

不過，在重新建立牠對食物安全感的同時，我也在思考，對米香而言，這樣的訓練過程，會不會讓牠非常錯亂？

以往，牠優越的跳躍力、靈敏的嗅覺、矯健的身手，讓牠可以在荒郊野嶺中存活下來。若沒有這些重要的生存能力，牠很可能無法在殘酷的環境裡長大。

可是，為什麼同樣的能力，到了這個家，卻變成是一種束縛？甚至造成不小的麻煩呢？

想著想著，我想起一位學員。

她是一位很優秀的年輕人，一個人離家到台北工作，從事完全陌生且高壓力的業務工作。從未有銷售經驗的她，必須很快了解遊戲規則，並且適應空中飛人的生活，穿梭在各大機場中。

獨立和俐落，成了她最好的行李，陪伴她征戰一個又一個商場。也帶給她豐碩的成績，贏得公司信任，被拔擢到主管的位置。

只是同樣的她，換了新身分後，原本的犀利與效率變成是壓力的來源。部屬覺得她嚴肅，害怕跟她說話，偏偏她卻期待自己是一個好主管，能幫助大家解決疑難雜症，無須重蹈她當年的辛苦。於是她越認真，反彈越大。

她的內心感到很衝突，不理解為何當初讓自己獲得成就的方法，如今變成阻礙她的原因？

我花了一點時間讓她了解，並非她的能力退步，而是「彼時今處」。當年她花了不少工夫，練就獨來獨往的本事，可以不依賴任何人，便完成指定任務。可如今，她的工作卻得仰賴眾人的團結與分工，才能拼出更大的版圖。這時，太過敏捷的身手，反而失去了連結的機會，讓人無法靠近。

畢竟關係要建立起來，往往得建築在需要之上。當你覺得自己對某人沒有太大的價值時，你就不會想保持聯繫。於是，能力太好的人常常覺得孤單，因為他們總忘了留下入口，讓人可以走得進來。

需要與被需要，就像兩人三腳，得同時並存，關係才能往前走。

沒有一種能力是放諸四海皆行的，就算是再難能可貴的才華，也會有失靈的時候。

適度調整是無可避免的，那絕對不是因為你做錯什麼。就像米香得學會有屋簷的家和風吹日曬的街頭，生存姿態是不一樣的。這和牠好不好無關，而是對所處脈絡的更大理解。

所謂的彈性，說穿了就是一種對外在環境的臣服。怕的是我們老是面對過去，背對未來。讓曾經攻下的山頭，成為未來阻礙自己的理由。

一如在學校學業優異的學生，出了社會不一定能適應良好，因為對標準答案的執著，很可能讓他們忘記怎麼思考。

當你執著於往昔的優秀，你就長不出明日的卓越。聰明和智慧的差別，在於能否看見更多的選擇。改變，不是因為你不夠好，而是你想要繼續保持快樂。

轉個彎這樣想

聰明和智慧的差別，在於能否看見更多的選擇。改變，不是因為你不夠好，而是你想要繼續保持快樂。

信任，來自於你終於搞定了自己

信任之所以成立，
關鍵點往往不在於對方，
而是你夠不夠了解自己。

人啊！是種特別的存在，我們不喜歡被比較，卻得透過比較才知道自己喜歡什麼。

就像喝過許多家珍珠奶茶後，才會知道自己偏愛茶味濃一點？還是奶味多一些？淡的？甜的？冰的？熱的？珍珠的Q度如何？

我們很少一開始就確定自己的方位，總要迷些路，才會深刻明白自己適合什麼。

因為就算老天疼惜，第一次就給你最完美的選項，你也會因為無從比較，而不懂得珍惜，只因為不甘心。

總要睡過一張又一張雙人床後，才知道適合自己的感情是什麼溫度？

總得等額頭上出現幾縷白髮後，才明白那些逝去的關係並不可惜，他們教會你更懂自己。每個無法妥協的習慣，都藏著一個深切的渴望。

信任之所以成立，關鍵點往往不在於對方，而是你夠不夠了解自己。一個不知道自己要什麼的人，你給他什麼都不對。

透過一次又一次的磨合，我們漸漸明白自己適合什麼？

冒險和嘗試，是必經的路途，目的是讓自己甘願。

人生總需要一點波折才會知道：

哪一家餐館的廚師，最了解你的脾胃？

哪一個品牌的衣服，最符合你的身形？

哪一位攝影師的鏡頭，最懂得你的笑容？

流浪過的心，更明白信任的可貴。

當你可以把自己全然交付給另一個人，接受他為你安排的一切，是一件非常幸福的事。

這代表你可以停止對比、評選，把力氣花在享受過程，而不用擔心結果。

人們總以為有眾多選項才是好的，嘗試會帶來新鮮感和興奮度。

但別忘了，我們之所以想要改變，是因為先有不變。

少了穩定做前提，每天更換，只會變成一種折磨。就像每天外食，到後來，發現有人在家做飯，是多麼美好的事情。

走過千山萬水，為了不是找到一個完美的他來滿足自己的需要，而是知道原來自己要的是如此簡單平凡。

德國哲學家班雅明說：「幸福是能夠認識自己，而不感到惶恐。」

我說：「幸福是你知道自己需要什麼，同時你找得到人滿足它。」

不是每個漂泊的靈魂，都找得到落腳歇息的地方，如果你覓到了，請好好把握，感謝對方對你的了解，更要感謝自己，終於搞懂了自己。

轉個彎這樣想

透過一次又一次的磨合，我們漸漸明白自己適合與不適合什麼？

冒險和嘗試，是必經的路途，目的是讓自己甘願。

別讓嫉妒綁架了你的善良

嫉妒最可怕的地方，它雖看似無傷大雅。
卻會在不知不覺中綁架一個人的善良，
不斷地在心裡倒鹽酸，侵蝕成長的欲望。

前些日子，偶然看見一則短片，印象十分深刻。

大意是一個瘦弱的男孩，走在月台邊，一個踉蹌，男孩拎起斷裂的人字拖，落寞地走向角落，試圖修理那早已破舊不堪的拖鞋。臉上的表情從沮喪到生氣，氣自己修不好鞋，也氣鞋子不爭氣。

正當他撇著頭，思考著該怎麼辦時，忽然有一雙嶄新的黑皮鞋，從他面前走過。皮鞋主人也是個男孩，邊走邊彎下身，用潔白的廁紙擦去腳上的灰塵。一旁的父親有些不耐煩，催促著皮鞋男孩跟上腳步，並尋了張長凳，要男孩坐下乖乖等車。

男孩坐上長凳後，依舊沒閒著，持續擦拭鞋面，看得出來他十分珍惜這雙新鞋。但皮鞋男孩不知道的是，遠處有一個和他年齡相仿的孩子，牢牢地盯著他腳上發亮的皮鞋瞧，眼神充滿著欽羨，還夾雜一絲羞赧，因為那男孩手中只有一只破鞋，也沒人在身旁照顧。

沒多久，陣陣汽笛聲傳來，人們開始湧向車門邊。父親要兒子趕緊上車，皮鞋男孩卻只顧著擦鞋，被人流擋在後頭。父親憂心地回頭拉了兒子一把，後方心急的旅客也順勢推了一下。拉扯中，男孩的皮鞋遺落在月台上，而火車緩緩前進，就要開動了，他來不及跳下車撿鞋，著急地都快哭了。

這時，有一個人發現了。

蹲在角落的拖鞋男孩，一個箭步衝上前，拾起皮鞋，彷彿如獲至寶般捧在手中，嘴角藏不住的喜悅，眼神卻四處游移，像是在確認有沒有人看見。男孩望著鞋，抿著嘴，遲疑了一會兒。

他會占為己有嗎？

不，男孩邁開腳步，顧不得自己腳上沒鞋，緊握皮鞋，快步追著火車，希望將皮鞋還給主人。但人怎麼可能跑得比火車快，每當男孩快搆到門口時，火車又加速拉開距離。最後，不得已，拖鞋男孩用盡全身的力量、奮力一擲，企圖將皮鞋拋上車。

可惜，失敗了。皮鞋擊中車身，反彈到月台盡頭。懊悔之情又浮現在拖鞋男孩臉上，只是這次他為的不是自己，而是生活比他更優渥的人。站在車門邊，皮鞋男孩知道自己心愛的鞋子再也回不來，眼神閃過一絲失落，和拖鞋男孩，相去無幾。

那一刻，沒人比較幸福。

正當眾人以為遺憾勢必成真時，誰也沒料到，皮鞋男孩再度彎下腰。但這次他不是擦鞋，而是連忙脫下僅存的右腳皮鞋，回擲給剛剛努力幫自己撿鞋的同伴。

那是他呵護備至的新鞋啊！他卻毫不猶豫地給了出去。帶著微笑，向月台上的男孩揮手。身後的父親沒有責怪，只有陪伴。

拖鞋男孩不可置信地撿起另一隻鞋，霎時，他成了自己羨慕的人。

故事就到這裡，只有短短幾分鐘，我卻花上許多天理解。並非參不透故事的意義，而是我更想了解這個結局之所以動人的關鍵，究竟為何？

毫無疑問的，他們都是純真的人，只是我更好奇是什麼讓拖鞋男孩願意提鞋追車？

除了單純，我猜更重要的是，拖鞋男孩沒讓嫉妒偷走了他的善良，於是故事才有了出乎意料的結果。

其實，拖鞋男孩大可因為自己的出身或環境，嫉妒那些條件比他好的人。只要他心中存有一絲的OS是：「反正我得不到，你也別想太好過。」他便會將鞋子藏起來。

可是他沒有，他雖然羨慕別人有新鞋，但他卻不嫉妒對方。

「嫉妒」和「羨慕」都是一種很糾結的情緒，通常會引起我們妒羨的是別人擁有的好，而不是對方的不幸。

但羨慕和嫉妒有一點非常不同，即「嫉妒」遠比「羨慕」來得更有攻擊性，也更容易腐蝕人心。

當一個人「嫉妒」別人時，他心裡想的是取代或消滅對方，是不容許共存的，也就是一山不容二虎。

可是「羨慕」不同，當你仰慕某個人時，你會把對方當作參照，激勵自己更好。你不會覺得有你，就沒有他，你們各自擁有的美好，是可以同在的。

也因此，一個有嫉妒之心的人，外在世界種種的好，都很難成為他改變的動力。在一個善妒的人心中，沒有比他人的不幸更能讓他快樂，同時，也沒有比他人的幸福，更讓他不安。

這是嫉妒最可怕的地方，它雖看似無傷大雅（你不一定覺得會嫉妒的人，一定是個壞人），卻會在不知不覺中綁架一個人的善良，不斷地在心裡倒鹽酸，侵蝕成長的欲望。

久而久之，這個人就不會願意花力氣讓自己變好，總想著如何把對手拖住，反正只要讓對方搞砸，自己就不會顯得太糟糕。日子過得壞不壞，不知道?!但可以肯定的是，他很難真正的快樂。

回到影片，幸運的是，拖鞋男孩沒讓嫉妒蒙蔽雙眼，他選擇善良，觸發皮鞋男孩後來的成全，一起成就如此溫暖的故事。

這需要多麼大的自信，才會願意放手，讓別人擁有幸福，即使自己會因此有失落。

謝謝拖鞋男童與皮鞋男孩，你們讓我了解：「原來成全不是放棄，而是理解了，別人的快樂，你不一定需要都在。」

如此，嫉妒便再也無法操控你，無論情況如何，你都不是那個被壓迫的人。

自由就在你心中，你一直是有所選擇的人。

轉個彎這樣想

原來成全不是放棄，而是理解了，別人的快樂，你不一定需要都在。

把羨慕轉換成前進的動力，
你就能成為自己想要的改變！

懂吃苦，就長大了

懂吃苦的人，
通常都是受過傷的人。
因為身上有傷，
苦口的良藥才有存在的必要。

「這巧克力，很成人！」朋友舔了舔手指，若有所思地說了這句話。

「什麼叫『成人』的味道？」

「不只有甜，還帶了點苦。」

我賊賊地回：「你拐個彎在說那些不喜歡吃苦的人，都還很年輕嗎?!」

「不是不喜歡，是還沒能力『懂』。」

「『吃苦』需要懂什麼？」見我一臉困惑，朋友端起水杯，潤潤喉，即興地上了一堂人生料理課。

「人生的滋味，就像料理，甜、酸、澀、辣、苦，是隨著年紀慢慢吃出來的。

「孩童愛甜，是因為在他們的世界裡，一切是美好、單純的。簡單的甜味，給足他們最純粹的快樂。

「長大一點，開始有比較、競爭、批評、標準。體驗過輸贏、忍受過挑剔，明白自己和這個世界都不完美後，分辨出酸的滋味。

「再加上能力還跟不上想像，想做的事情很多，能做的事情卻很少。無法隨心所欲的挫折感，用身體記住了澀味。」

「你把青春說得好像一杯梅子綠。」朋友微笑，接續地說。

「至於辣味，其實是一種痛覺。踏入社會，領教過現實的殘酷，那些人與人之間的算計、背叛、欺騙、失信，像一記記火辣辣的耳光，不留情面地打在臉上，疼到說不出話來，嗆到眼角有淚。

「但也因為跌過跤，才體會原來『辛苦』二字，是在告訴人們，痛，是需要苦來修復的。懂吃苦的人，通常都是受過傷的人。因為身上有傷，苦口的良藥才有存在的必要。」

我點點頭，接著說：「所以年紀越大，越愛品茶、喝黑咖啡！原來是在療心裡的傷，等待苦後的回甘。」朋友會心地點點頭。

「人生如果只有甜味，就太膩、太夢幻了。帶一點苦味，才有真實的感覺。就像幸福要長久，不能只有快樂，還需要一點點努力、一絲絲辛苦，會更珍惜。」最後我為這堂人生料理課下了一份註解。

朋友再度挑了顆巧克力，笑笑地說：「懂吃苦，就長大了！」

轉個彎這樣想

人生如果只有甜味，就太膩、太夢幻了。帶一點苦味，才有真實的感覺。

你能分辨幻想和真實嗎？

幻滅，是成長的開始。
現實存在的目的，
並非是要打擊任何人，
而是為了鍛鍊出最強韌的靈魂。

邀請你花一點時間，回顧身邊的家人朋友，如果要你選一個人，作為你心中「成熟」的典範，你會選擇誰？而他身上的什麼特質，讓你有這樣的感受？是為人圓融親切、遇事處變不驚，還是對事物的判斷有一套獨特的觀點？

許多人在小時候，都會迫不及待想長大，偷穿媽媽的高跟鞋、模仿爸爸說話的口氣，覺得獨自一人搭公車去很遠的地方，就是長大了。

可是真等到十八歲到來的那一天，成熟就變成是一個很模糊的概念，除了年紀一天天增加，我們好像很難判斷自己，思緒有沒有變得更縝密？舉止是不是越穩重？

有些人已經很年長，頭髮花白，但你卻覺得他想法太過單純；相反的，有些人雖然年輕，臉龐仍舊稚氣，可你卻打自心裡感覺他十分練達。

差別究竟在哪？

在心理學的世界中，成熟的定義不只是年齡足夠、財務自由，還有一個很重要的關鍵在於，能不能分辨「幻想」（fantasy）和「現實」（reality）的差異。

你或許會覺得訝異，真實存在的就是真的，腦子虛構的就是假的啊！這答案不是很明顯嗎？

是啊！當問題還沒有涉入情緒時，條理通常都是清楚的，可是一旦添加情感經驗這種複合物，再簡單的道理都會瞬間變得複雜。

有次，和一位輕熟女討論人際問題，她一直覺得主管一定是討厭自己，才會分配比較多工作給她。我承接她的挫折，可我也花了很大的力氣，想要釐清她口中的討厭是怎麼一回事。

「你不斷強調主管偏心，你有什麼例子或線索，可以證實他真的不喜歡你，刻意排斥你嗎？」

「那就是一種感覺啊！我覺得他看我的眼神不一樣。」

「那你又是怎麼判斷，他看你的眼神跟其他同事不同，其他同事有跟你反應過嗎？或是，你是否有找過同事聊聊，畢竟你們在同一個辦公室，對主管的言行有相同的經驗？」

「這種事情說出來很丟臉，會讓人家感覺我很差，才會被冷落。我不想要找人聊，特別是自己的同事。」

「好，除了你，主管平時對其他人有特別好或壞的對待嗎？他的風評如何？」

「我關心自己都來不及了，我哪裡管他怎麼對別人。」

「那你有沒有想過，也許主管並不討厭你，這就是他管理部屬的方式，只是和你習慣的不一樣？」

「不管，我覺得他就是對我有偏見，否則為什麼我會這麼痛苦。」

對話先進行到這裡，你看出問題了嗎？

你是否有發現這位朋友的陳述，其實很空洞，一切都只是她的「想法」和「感覺」，缺乏具體事實來支撐自己的論述，可她本人又深信不疑。

這就是活在「幻想」中經常會有的反應，把自己的「推論」當「事實」。而不是回到現實中，實際考證究竟真相為何？

把自己的感受無限放大，論斷出一個有利於自己的說法；就像是在幻想世界中，創造一個讓自己快樂的版本。

而這樣的症狀，不只出現在人際關係中，有時候「偏見」或「歧視」的產生，同樣也是來自於幻想，例如種族、宗教和性取向。

人經常會不知不覺「腦補」一些情節，以符合自己心中對故事的想像。比較棘手的是，當事人對自己的行為完全是無意識的，所以即便你把事實攤在他面前，他也不一定會接受。

這就是為何有些人明明出社會很久，理應有更豐富的歷練，但互動下來，你並沒有覺得對方比你成熟、懂事。因為他一直活在自己的想像世界裡，渾然未覺，而且他沒有打算醒來。

有一部很紅的動畫電影——《腦筋急轉彎》，裡頭有一個角色叫小彬彬（Bing Bong），是主角萊莉在孩提時期的「幻想玩伴」，配備一個無限容量的夢想袋，和用歌聲當動力的彩虹掃把火箭。

當掌管萊莉大腦的主要分身——樂樂，陷入危機時，小彬彬一直陪在樂樂身邊，幫助她重返大腦控制台。有一幕，樂樂和小彬彬都陷入遺忘區的谷底，他們一起唱著歌，不斷嘗試搭乘掃把火箭，想要回到地面，卻都失敗了。

最後一次，小彬彬陪著樂樂發射到最高點的那一刻，小彬彬突然選擇跳下掃把，讓樂樂可以順利離開。因為他知道火箭的動力有限，沒辦法讓兩個人都回到地面，如果沒人願意犧牲，就只能一輩子一起卡在黑暗裡，於是他選擇退出，留在遺忘區。

臨別時，他留下一句：「Take her to the moon for me, okay?」（請替我帶她上月球，好嗎？）笑著祝福樂樂離開。

同時，也意味著當你要變成一個真正的大人時，你必須把幻想留下，才能穿越挑戰，抵達下一個階段。

記得在電影院看到這一幕時，很多人都哭了。我想這個情節勾動許多人心中的記憶，曾經幻想帶給我們很多快樂，但隨著身分不同，我們必須學著割捨，往前走。否則你很可能活在妄想的世界中，無法突破困境，因為缺乏面對現實的能力與勇氣。

但這不等於，長大了，就不能做白日夢或天馬行空的發想，而是你要有能力區辨哪些是想像？哪些是真實發生的事情？在不確定答案時，清楚自己是立基於哪些證據，才會有此結論，並且允許自己有犯錯、修正的空間，不堅持己見。

有句話「你永遠無法叫醒裝睡的人」，同樣的，當一個人活在幻想狀態時，你提供再多真相，也無法說服對方。

就像當一個人對創業充滿夢想，沒有踏實地研究數據和資料時，不論你告訴他市場有多險峻，他只會相信自己是唯一的例外。如果他夠幸運，早一點跌倒，或許還有機會從夢裡醒來。

幻滅，是成長的開始。現實存在的目的，並非是要打擊任何人，而是為了鍛鍊出最強韌的靈魂。願你活得真切且踏實。

轉個彎這樣想

要變成一個真正的大人，你必須把幻想留下，
才能穿越挑戰，抵達下一個階段。

不完美，卻更完整

不完美的刮痕，
卻完整了牽掛。
原來，有缺憾，
才叫人更惦記。

自從重新開始戴錶後，總會對別人手腕上的錶多了一份好奇。在這個手機氾濫的年代，如果一個人仍有戴錶的習慣，通常背後都藏著一個好聽的故事，記載著一段歷史或回憶。

那天，無意間發現朋友手上的錶，有好幾道深深的刮痕，讓鏡面有些模糊。但以我對此人的認識，做事一絲不苟的他，不太可能會放任物品毀壞，而不做任何處理。

我悄悄地問：「怎麼了？這麼多刮痕，有打算換個錶面嗎？」

朋友輕笑：「問過了，店家說這款玻璃已經停產，沒得換。」

「停產？那意味著這只手錶很有年紀囉？」

「是啊！是我父親過世後傳給我的，擺在抽屜裡十年，直到最近我才翻出來。」朋友意味深長地，望了望手錶。

「所以這刮痕，不是你弄傷的？」

「對，是我父親一起留給我的。」

「你知道這刮痕的由來嗎？」忽然間，我對那幾道刻痕有了莫名的好奇。

「說起來也好笑，當年父親為了買這只錶花了不少錢，寶貝得要命，定期送廠維修。只是有次，他才剛替手錶換全新的鏡面，隔天，上山工作，一不小心撞到牆壁，鏡面就刮花了。

「他心疼死了，直嚷著：『哎！那麼多錢都白花了。』

「不知道是怕浪費，還是怕被罵？從那之後，他就一直戴著花花的錶，也沒抱怨過看不清楚。」

「那是什麼讓你再把這只錶拿出來戴呢？」

「沒特別的理由，我想年紀到了吧！這只錶好像是父親在我這個歲數買的。」朋友下意識地用拇指擦了擦鏡面。

「如果真有得換，你會選擇換一個全新的錶面嗎？」

「不了，看久也就習慣了。其實，我還挺喜歡這刮痕的。」

朋友的這句話，讓我駐足好久。

或許，對他來說，這份喜歡還包含著一份思念，一種和父親靠近的方式。

當他用同樣的動作，撫著同樣的傷痕，看著相同的時間，那些說不出口的想念，就有了入口，傳達到遠方。

不完美的刮痕，卻完整了牽掛。原來，有缺憾，才叫人更惦記。

望著朋友的錶，我想起自己身上的疤。一道道傷痕，是年少輕狂的刺青，烙印最鮮明的記憶，見證不羈的青春。

少了這些疤痕，就少了許多值得回味的故事。

那些凹凸不平的疤痕，是生命的另一種圖騰，濃縮過去的經歷，存在的目的就是為了被詢問與回憶。

就像朋友，每一次被問到手錶上的刮痕時，他便有機會再追憶一次。

父親當年的可惜，卻帶給他更多的可能。

突然想起電影《一代宗師》裡，章子怡說過的一段話：「想想，人生無悔，都是賭氣的話。人生若是無悔，那該多無趣啊！」

當你的生命也開始懂得，遺憾，是為了保留一個思念的理由。

那麼或許，你對很多事情就不會太過執著了，因為你知道不完美才有空間，藏得住希望、容得下轉機。

這何嘗不是件開心的事，於是你將更懂得放過自己、饒過別人。

轉個彎這樣想

當你的生命也開始懂得，遺憾，是為了保留一個思念的理由。或許，你對很多事情就不會太過執著了，因為你知道不完美才有空間，藏得住希望、容得下轉機。

Chapter

3

那些沒說出口的，才是你需要仔細聆聽的

溝通篇

藏在不禮貌的背後，更重要的事

一個人要展現出禮貌，
前提是他得先具備消化「失望和挫折」的能力。
當一個人不懂得如何處理自己的失落，
他便會任由情緒綁架自己的理智。

踏進咖啡店，一陣響亮的哭聲吸引我的注意，循線望去玻璃櫃前有個小男孩，一隻手扯著母親的衣角，另一隻指著巧克力蛋糕的照片，說：「我要、我要。」絲毫不見照片後方「售完」二字。

也許是這兩個字太難，超越他可承受的範圍。小男孩完全沉浸在自己的堅持中，不斷搖晃母親的身體。

一旁的母親看得出來很尷尬，hold不住小男孩的脾氣，只好把希望放在服務人員上：「你們廚房都沒有了嗎？幫忙一下，就讓小孩子開心嘛！」

店員有禮貌地回答：「不好意思，我們蛋糕都是現做的，賣完就沒有了。真的沒有辦法。」

媽媽：「一塊蛋糕而已，沒有這麼難吧！你們現在就做，應該很快就好。」

店員臉上寫滿無奈，試著解釋製作流程，但媽媽就像跳針的留聲機，不斷 repeat：「趕快做啦！」尖銳的聲線和小男孩如出一轍。

店裡頭被驚擾的客人開始竊竊私語，有些還拿出手機將鏡頭對準那對母子。隱約中，我聽到「禮貌」這個關鍵字、配上嗤之以鼻的笑容，很明顯地，群眾做出了判斷，默默在心中下好標題，說不定待會就能在社群網站上看到這則消息。那對母子可能沒料到，他們還沒走出店，店外早已排滿了愛窺伺的人們，等著對他們指手畫腳，品頭論足。

正當我還在思考，為何這位母親會選擇在孩子面前，為難素昧平生的店員時，內場走出一位矮胖的中年男子，表情凝重地靠近那對母子。

我感覺自己的手心微微出汗，生怕下一秒男子會出手傷人，讓這場鬧劇變得更加荒唐。

沒料到，那看似凶惡的大叔竟只是蹲下身，挨在小男孩身邊，用很溫柔的語氣說：「你很想吃巧克力蛋糕啊！」小男孩啜泣點頭。

「但蛋糕賣完了，你曉得嗎？」小男孩向後退了兩步，眼神望向母親，又收回來怯生生地說：「知道。」

大叔微笑：「你想吃蛋糕，但賣完了，你吃不到，很難過，好像胸口痛痛的，不知道該怎麼辦？只好跟媽媽說，要媽媽幫你想辦法，對嗎？」男孩再度拉拉母親的手。此刻，母親停止咆哮，瞪大眼看著眼前的男子。

「你有感覺媽媽已經很努力幫你問了嗎？」小男孩用力地點頭。

大叔伸出手摸了男孩的頭：「真乖！但叔叔告訴你，今天的蛋糕都賣完了，不是媽媽故意不買給你，也不是那個賣蛋糕的姊姊故意藏起來，剛好你來就沒有了。叔叔知道你吃不到蛋糕很難過，但我們必須接受這個結果，才算是長大的表現。你有想要長大嗎？」

「有！我明年要讀大班。」稚嫩的聲音搭配認真的表情，簡直和剛剛判若兩人。

「既然你要讀大班，那你告訴媽媽：『沒有巧克力，沒關係。我們下次再來吃。』好嗎？這樣老師才會覺得你夠成熟，可以上大班的課喔！」

小男孩轉過身，大聲地對著媽媽說：「媽媽，我今天不想吃蛋糕了。我要上大班，下次再吃巧克力。」

原本盛氣凌人的媽媽忽然找到台階下，趕緊和男子道謝，準備轉身離去。

男子喚住母親，從櫃檯上拿了張名片，客氣地說：「這位媽媽，我答應小朋友下次來有巧克力吃，為了不讓他失望，能否請你來店前，先打個電話給我們，好為你們先保留。這樣就不會讓小朋友因為失望又難過地哭了。」

母親接下名片，用力點頭，緊咬的下巴、微顫的雙唇，彷彿在忍住淚，不讓情緒溢出來。

那瞬間，男子不只融化小男孩的心，同時，也給那位無助的母親最具體的安慰。

他並沒有指責這對母子不禮貌，不懂得尊重人。恰恰相反的是，他深刻地明白一個人要展現出禮貌，前提是他得先具備消化「失望和挫折」的能力。

當一個人不懂得如何處理自己的失落，他便會任由情緒綁架自己的理智。偏偏禮貌這種程式，是安裝在大腦最後的區域，若非有一定的修養和自制，是很難打敗情緒，突圍而出。

假如剛剛，男子沒有先承接住男孩的難過，幫助他鬆綁情緒的枷鎖，直接要求小男孩要遵守大人的規矩，小男孩是不可能學到「即使挫折，我們還是能夠保持著彈性和希望」。

就像他的母親，容易被意外給困住，一旦超乎預期，就失去應變的能力，只能用最原始的反應，強迫別人配合。

也或許這位母親在過去的生命中，沒人告訴她該如何面對失落。於是她不知道該如何消化孩子的挫折感，只能把這麼大塊的情緒，Control & C + Control & V（複製貼上），原封不動再丟向店員。

一個小小的情緒流彈，瞬間造成三個人重傷。孩子為難母親，母親為難店員。

好險！男子用包容打斷了這個骨牌效應，一旁用眼神持續圍觀的客人們，又恢復了嬉笑聲。

看著那個男孩，我忽然懂了。

「當一個人不禮貌的時候，不是因為他很壞，可能他真的太失望了。重要的不是給他最想要的東西，而是讓對方理解：他的難過，你收到了。當沉重的情緒被接住，他才能看到自己還有別的選擇。」

最後，獻上我最崇拜的心理學大師歐文・亞隆（Irvin Yalom）書上的一句話：

「當一個人能接受選擇的有限性，他才能優雅地長大。」
祝福你成為一位實至名歸的「大人」！

轉個彎這樣想

重要的不是給他最想要的東西，而是讓對方理解：他的難過，你收到了。當沉重的情緒被接住，他才能看到自己還有別的選擇。

隱形的高牆：抗拒背後沒說出口的話

年長，看似歷經滄桑，
但對這個社會的信任感卻是越薄弱的，
因為承受過更多的傷心與背叛，
只好用年紀和輩分，
築起了一道隱形的牆，將自己隔離在外。

那天一走進銀行，發現等候區坐滿人，心中暗暗覺得不妙，瞥了一眼牆上的日期鐘，原來今天是五號，是許多公司發薪水的日子，難怪行員個個上緊發條。

但即使忙碌，仍有一定秩序，偌大的交易廳，除了呆板的叫號聲，幾乎聽不到任何對談，人們只專注在自己手裡的方格。

直到一位年約六十多歲、踏著亮片拖鞋的大嬸，劃破這份平靜，對著櫃檯大吼：「我就是要開戶！你問這麼多要幹嘛，卡緊辦辦就好。」

「阿姨，我必須確認你開戶的目的，你這個戶頭是要拿來投資？營利？還是薪資戶？」年輕的男性行員耐著性子說明。

「我聽不懂啦！開戶分這麼多幹嘛。」大嬸的回應有些蠻橫，嗓門也越來越大。

不管行員怎麼引導，大嬸擺出一盧天下無難事的態度，根本沒打算理睬行員的問題，只在乎自己的目的有沒有達成，彷彿世界本來就該繞著她轉。行員只好板起臉，無奈地回應：「現在政府管很嚴，如果你說不清楚，我不能讓你辦。」

大嬸急了，撥了通電話找救兵：「阿如，就嘎你共，我袂曉，你條鋼叫我來辦，金麻銀行毋乎我辦，系麥安抓啦！」（我不會，你就堅持要我來辦，現在銀行不准，是要怎麼辦啦！）大嬸對著手機大罵，把怒氣轉移給另一個無辜的人。

即使隔著距離，仍可聽見手機另一頭的人很努力安撫，可大嬸像是暫時性失聰般，聽不進任何解釋，直嚷嚷著：「我聽無，我袂曉，我毋知。」（聽不懂、我不會、不知道。）

沒多久，大嬸就直接把手機塞給行員，要行員跟手機另一端的人通話。行員用力地搖頭加揮手，一臉驚恐地表示：「不行，我們只能跟當事人核對。」

大嬸更是挫折，氣得對手機大喊：「攏系你害我底加，攏惠喺咁！」（都是你害我在這裡浪費時間！）接著把手機切掉，用力地摔在桌上。一旁的客人開始議論紛紛，不少人等得不耐煩，對大嬸投以不屑的白眼，不解她為何選在這種節骨眼硬要辦開戶。

感覺到前台的騷動，銀行主管起身走近男行員，用眼神示意他趕緊處理好。行員在腹背受敵的情況下，只好拿出更多文件，企圖講更多法規說服大嬸。所有人都在等著瞧，這位斯文的歐巴怎麼搞定澳洲大嬸。

可這位大嬸卻是越聽越抗拒，不停地把過錯一直推給別人，怪行員講話太快、問題太難、欺負老人家……等。現場的人都得被迫當大嬸的垃圾桶，聽她抱怨，沒人敢靠近。生怕一個多嘴，變成下一個倒楣者。

如果真有氣場的存在，那麼大嬸所在之地的方圓兩公尺，絕對是一片烏漆墨黑。

就在氣氛緊繃到極點時，方才和大嬸通話的當事人——阿如，出現了！

阿如年約四十，身穿家居服，腳上踏著樸實的平底鞋，就像街坊鄰人一樣普通，但她一開口卻吸引所有人的目光。

阿如一坐到大嬸身邊，大嬸又開始連珠砲地數落銀行行員，阿如沒有制止，她僅是拍拍大嬸的背，跟大嬸說：「人家問這麼多是為了保護你，怕你辛苦賺的錢被騙啊！你之前不就一直跟我說，年紀大腦子不中用，要小心一點嗎?!」

大嬸沒料到阿如非但沒有指責，而是站在她的立場考量，一時語塞，中斷了批評模式。阿如見大嬸情緒較為穩定，接著問道：「我剛才在電話裡教你怎麼回答行員，你還記得嗎？」大嬸一臉莫名搖搖頭，阿如又問：「那你記得行員問你什麼嗎？」大嬸又搖頭：「他說得那麼複雜，我哪聽得懂！」

阿如換了個口氣，像是在教大小孩般，連哄帶訓：「是別人說得複雜，還是因為你沒做過，就先怕起來等了，所以耳朵才會聽不見?!」阿如一句話道出現場所有人的疑問，明白原來張牙舞爪的背後，其實是不知如何是好的恐懼。

大嬸的小劇場被戳中，支吾其詞，試圖想為自己辯解，阿如看出大嬸的尷尬，不想為難，拍拍大嬸的手，柔聲安撫：「我們正正當當開戶做生意，又不是做壞事，你緊張什麼呢？你不是說還年輕，想出來多學一點，不想在家裡受氣。怎麼一出來，就對著別人生氣啊？」

大嬸看著阿如的眼睛，有些不好意思，一改剛剛的橫眉豎目，轉而有些歉疚，小聲說：「我很怕別人知道我聽不懂，會笑我笨……」

阿如握著大嬸的手，轉向行員，誠懇地說：「這裡沒人會笑你，大家是來幫你的。」

行員像抓到浮木般，用力點頭：「阿姨，我真的是怕你被詐騙，才會問這麼多。不是要為難你的。」大嬸點點頭，略帶羞赧地回：「謝謝你，我會盡量配合啦！不懂的地方，你要教我嘿！」

站在一旁，看著大嬸的變化，我想起的卻是家裡的長輩。

以往不論要教他們電腦、上網、操作電器產品……等新事物，他們總是用「我不會」、「不知道」，擊退子女所有的好意。本應開開心心的時刻，最後都會變成意氣之爭。我氣他們不願意學習，他們氣我沒耐心，不知不覺氣氛就僵了。

也許，當時的我就像銀行行員，我們說的話沒有錯，可我們唯一少做的是沒有先卸下對方的防備，就不斷地塞資訊給他們，讓他們感覺到壓力和恐懼。

想想，其實不管是不是年紀大，當我們遇到陌生的事情時，抗拒都是必然的反應，因為這保護我們不衝動行事，要懂得謹慎判斷。同時，也維護著我們的自尊，不因外界的變動而崩毀。

你可以把對方的防衛看成是一種敵意，也可以理解成一種自我保護機制。重要的事情是哪一種想法，可以幫助我們達成最終目的，不管是陪伴父母親適應新科技，還是完成開戶，順利滿足客戶的需求。

人，很怕自己不夠好，哪怕是小小孩，都懂得迴避犯錯，需要很多的鼓勵，才肯踏出新的一步。年長，看似歷經滄桑，但對這個社會的信任感卻是越薄弱的，因為承受過更多的傷心與背叛，只好用年紀和輩分，築起了一道隱形的牆，將自己隔離在外。

我們走不進去，他們也很害怕走出來，只好不停地用憤怒來偽裝自己的脆弱。而站在城牆下，仰望高聳尖塔的我們，期待也會不小心變高，於是耐心就會變少。

看著阿如對待大嬸的方式，我忽然明白了，那道牆不會消失，你越是拿槌子想要破壞，牆就越厚。唯一的方法是敲門，讓對方知道我們的善意，等到他不害怕了，再來解決事情。

放慢恐懼，讓擔心得到正確的理解，城牆內的人，或許，就會自己走出來了。

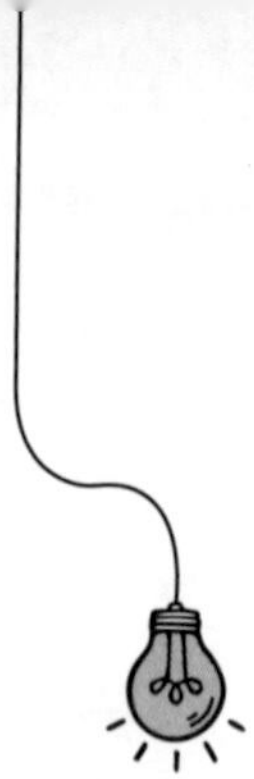

轉個彎這樣想

那道牆不會消失，你越是拿槌子想要破壞，牆就越厚。唯一的方法是敲門，讓對方知道我們的善意，等到他不害怕了，再來解決事情。

你有難以溝通的對象嗎？
或許他需要的不是你的資料，而是你的理解。

有效的說服，來自於你願意先進入對方的世界

說服一個人最高的境界，
是讓對方感覺你不是來質疑、反對他的，
而是希望能幫助他做出更好的決定。

許多人認為要「說服」另一個人改變心意，是一件很花力氣的事情。因為你無法改變任何人，除非對方願意。

所以人們才說：「世界上最困難的兩件事情，是把對方手上的錢，拿到自己的口袋；以及把自己的想法，放進對方的腦袋。」

然而，不管你的工作是行銷、採買、業務、財務、行政，還是客服，只要與人互動，就得進行溝通，過程中難免會需要相互說服，讓對方願意配合自己的想法，調整行動。

或許是因為「說服」這兩個字，容易讓人聯想到「說話」和「服氣」，直覺認為要讓一個人心悅誠服，就要搬出許多大道理或證據，才能達成目的。假如道理說不通，那就直接訴諸權力上的角力，讓對方不得不聽話。

但這麼做都是有後遺症的，因為對方就算當下不反駁，也不等於他後續的行動會配合。

當你一想到說服，就是用力把對方從他的觀點，拉到自己這一邊，其實就註定這一場溝通，最後會兩敗俱傷，要不是你贏了面子，他輸了裡子；要不就是他贏了爭論，卻輸了你的尊重。更慘的是，任何一方抽手不玩，反作用力會讓彼此受傷。

相反的，你若懂得槓桿原理，順著對方的邏輯，巧妙發揮四兩撥千斤的效果，反而更容易說服對方，讓彼此皆大歡喜。

舉一個真實的案例。

＊＊＊

有一回，陪朋友上街採買藝品，他想買一隻漂亮的老虎，當作擺飾，順便發揮一些風水效果。

我們逛了不少藝品或手工店家，但總卡在尺寸太大，沒空間擺放，或是預算太高，高攀不起。正當我們快要放棄之際，突然在轉角的一間小店，看到一隻大小適中、價位合理的老虎，我心喜趕緊喚朋友來看。朋友拿起老虎端詳，東摸西翻，臉上明明寫著喜歡，可是到最後又把老虎放回架上，走出店家。

我不解，跟上朋友的腳步，詢問：「剛剛那隻，你不喜歡嗎？」

「喜歡是喜歡，但差了一點。」

「怎麼說？」

「那隻老虎有點胖，體態不夠精實。」原來，我這個朋友喜歡健身，所以特別注意線條是否勻稱。

我當時在心裡暗笑，覺得對方有些小題大作，不過就是隻老虎，何必把自己投射在裡面。

但同時我也知道，如果我直接告訴對方：「你不就是要買一隻老虎而已！管它是扁的，還是圓的？有這麼重要嗎？趕緊買一買回家吧！別浪費時間了！」

你想他會有什麼反應？很可能會覺得我不夠體貼，不夠了解他，為了反對而反對。到最後，不僅老虎沒買成，還傷了我們之間的感情。

所以，聽完他的理由，我沒多說什麼，只是笑一笑，又陪了他逛了兩家店。到最後，他有些心灰意冷，腳步越來越沉重，這時，我冷不防地問他一個很關鍵的問題：

「你覺得老虎太瘦，沒吃飽，會做什麼事情？」

朋友聽完這個問題，像是被人猛力敲了一下頭，突然瞪大眼睛，不由分說的往回走，三步併兩步，快跑進剛剛無緣的店家，立馬掏了腰包，連殺價都免了，直接包起來帶走。

開心地捧著剛入手的老虎，朝我走來。我豎起大拇指，肯定他的果斷。

來到身邊，他不好意思的搔搔頭問：「你怎麼想到這麼好的理由，說服我啊！」

「我沒有想要說服或扳倒你啊！我只是順著你的邏輯發想，既然你要將這隻老虎擺在書桌上，朝夕相處，你會在意什麼？好不好看是一回事，最重要的是，不能讓你覺得畏懼或害怕吧！」

「沒錯。」

「所以一隻吃飽了、有點慵懶的微胖老虎，會不會比一隻體態扎實，卻虎視眈眈看著你的老虎，來得親和、安全許多?!我只是提醒了一個你剛剛沒想到的觀點。是你自己說服自己的。」

朋友大笑，並表示人果然很容易陷入自己的盲點，而忽略好機會。

＊＊＊

回到你身上，在生活中遇到想法歧異時，你都是怎麼思考的？是站在自己的原地，生氣對方不知變通？還是跳到對方的角度，從中找到可以施力的點？

說服一個人最高的境界，是讓對方感覺你不是來質疑、反對他的，而是希望能幫助他做出更好的決定。

這中間最大的落差在於，你是否懂得把對方的在乎納入自己思考中，讓對方感覺到你有為他著想，而非證明自己有多厲害，他就會願意順著你手指的方向，看見不同的可能。

轉個彎這樣想

懂得把對方的在乎納入自己思考中，讓對方感覺到你有為他著想，而非證明自己有多厲害，他就會願意順著你手指的方向，看見不同的可能。

想要說服人，你是急著告訴他答案？
還是先弄清楚，什麼才是他真正在乎的？

別把「偏見」當「直率」，你不是講話直，是講話刺

受傷了，
卻不知道該如何反應，
只好合理化對方的行為是「直接」，
讓自己好過一點。

不知從何開始，人們總把「說話直」和「沒心機」畫上等號。好像講話越不修飾，代表此人越坦白、率真。特別是在網路上，越直白的發言，越容易獲得關注，甚至能競選國家要職。

假使有人提出質疑，就會有人緩頰說：「他只是刀子嘴豆腐心」、「直腸子的人比較不虛偽」，把這種行為昇華成一種「瑕不掩瑜」的藉口。即使心裡已經在淌血，仍要笑笑地說沒事，以免顯得自己修養不夠、氣度狹小。卻從沒有想過，那些話聽在當事人耳裡，會有多難受。

當大家都默許這種行為，久而久之，那些說話不經思考的人，便可以披著直率的外衣，毫不掩飾地傷害旁人。甚至成為一種團體習慣或文化，使得你對於那些帶刺的話變得麻痺，深受情緒虐待還不自知。

有一次，某個學員邀請主管參加講座，希望能夠改善部門的工作氣氛，別每天上班都像是活在地獄裡。

我知道學員想要藉由外界的力量，讓主管有些改變。因此，活動結束，我刻意上前寒暄兩句：「謝謝你們過來，今晚的內容有沒有哪一部分特別有感覺？」當然這句話是對著主管說的。

「笑話我聽過了。是她要我來的，我想以她的程度差不多就這樣。」架子擺得老高，一副事不關己。

那瞬間，我很想立馬回嗆：「是啊！不然她早就換工作了。」瞥見學生滿臉歉容，到嘴的話，還是吞了回去。

換口氣，心平氣和地說：「謝謝你讓我知道，原來你對笑話在意的程度更甚於專業內涵。」

見我沒有動怒，他竟回：「不用客氣，我這個人很愛分享的，有什麼說什麼。」

翌日，學員捎來了訊息：「老師，昨晚很抱歉。我主管沒什麼惡意，他比較不習慣說好聽的話。」

坦白說，道歉與否，不是我在乎的事，我真正在乎的是學員在辦公室得經常忍受這樣的嘲諷嗎？我試著關心：「他常用這樣的口吻跟你說話嗎？」

「滿常的，昨天還算小case。平常如果我做了一件他不滿意的事情，他會說：『如果你的教授知道你把工作處理成這樣，他會情願你不要記得他，告訴別人他是你老師。』之類的。」

「那你怎麼解讀他的話呢？」

「其實，他不是個壞人，也常常幫大家爭取權利。就只是講話比較直，也是好意提醒啦！」

「好意提醒」四個字，看得我直冒冷汗。難道這學生的自信已經被打擊到體無完膚，分不清什麼是「好意」，什麼是「惡意」了嗎？

其實「講話直」和「講話刺」是兩個不同的向度。但我們所受的家庭和學校教育，卻常把「恐嚇」當「直接」。你一定聽過類似的話：

「你那顆頭如果不是連在脖子上，早就不知道掉到哪去了？」

「你靠電視那麼近，是想要瞎掉嗎？」

「這樣的水準也能上T大，台灣真的沒人才了。」

「連一份簡單的報表都做不好，真不知道你大學是幾分考上的？」

仔細分析這些句子，你會發現這裡頭都夾雜著批評和偏見，卻不明說，拐個「彎」，希望你自己對號入座。假使你提出反擊，對方還會說：「我又沒有說你沒能力，幹嘛反應這麼大。」像挨了一記悶棍，還不能叫痛。

那些說話帶刺的人，就像拿一把沒有鞘的刀上街，大搖大擺地走路，旁邊的人因為太靠近被劃傷，想討個公道，還要被酸「走路不看路」。你不覺得荒謬嗎？

而一般人之所以會認為這樣叫「直」，是因為這些話帶來的情緒衝擊很「大」。心受傷了，卻不知道該如何反應，只好合理化對方的行為是「直接」，讓自己好過一點。而不是他說的話，真如他表面陳述的直白。

真正講話直的人，是會直接說出他的想法和期待，你不用猜就能懂得他的想法，而非將情緒夾雜在其中，偷渡闖關。同樣的意圖，也可以這麼說：

「我很擔心你常遺失東西，可以想個辦法改善一下嗎？」

「靠電視太近會傷害眼睛，我希望你好好地坐在沙發上。」

「這樣的工作表現還沒達到標準，請趕緊跟上，否則你很快會被取代。」

「做報表是很基本的能力，我想知道你大學的報告都是怎麼完成的？」

是不是更容易知道說話的人真正的想法，以及接下來可以做的事情？完全不用猜。這才是真正的「直白」，直接又坦白。而不是把自己的偏見，包裝在率真底下，要對方買單。

同時，你發現了嗎？越不敢用「我」發言的人，越不會對自己的言行負責。而是巧妙地把責任轉嫁在「你」（他人）身上。透過指責，轉移焦點。

所以當你身邊若有人講話常不考慮別人的感受，請別自動幫他打柔焦鏡，把傷人的話當作直接。

因為別人的對待，是自己教出來的。你越不把他的行為當一回事，就等於容許他繼續這樣對待你。

那該怎麼辦呢？記得當對方又想用言語激怒你時，你不需要自行「腦補」，聽懂他的言下之意。你可以更「直接」地回應：「請問你真正想說的是？」無須角力，對方就會被你問得啞口無言。因為他們其實不習慣有人會選擇不閃躲、清楚地說出自己的狀態，不理會他的暗示。如此一來，無形的情緒傷害才不會在你心中扎根。

古人言：「人必自侮而後人侮之，人必自重而後人重之。」真正有涵養、能力的人，是不需要透過踐踏別人來墊高自己的。因為一個人的命運是他回應力的總和，好不好命，看他怎麼說話就知道。

能夠把別人的感受考量在心底的人，才是能「直接」相處的人。即使不穿防護衣、不戴面具，也不怕被刺傷。

轉個彎這樣想

記得當對方又想用言語激怒你時，你不需要自行「腦補」，聽懂他的言下之意。你可以更「直接」地回應：「請問你真正想說的是？」無須角力，對方就會被你問得啞口無言。

別被別人的眼光給套牢

「老關係」，
最常有的毛病就是「老花眼」。
總是用理所當然的印象，
套用在熟悉的人身上，
不知不覺就給出了評斷與標籤。

剛結業的學員，突然傳來個訊息：「老師，為什麼我這麼用心想要改變跟爸媽的關係，但只要一、兩句話沒說好，他們就說我浪費，花了錢去上課，還不是沒用，只會跟爸媽吵。我聽了很難過。」

隔著遙遠的距離，我卻能感受到螢幕背後，年輕孩子冷掉的心。

思考了許久，我淡淡地寫下幾行字：

「親愛的孩子，學習溝通的目的不是為了讓你討好身邊的人，變成一個沒有輪廓的人，而是從此之後，可以更快地辨識出，誰才是願意花時間好好與你相處的人。

「如果那些話帶刺，你可以決定要不要收進你柔軟的心，尊重自己的感覺，是你和自己溝通的第一步。唯有你願意做自己的靠山，你才能贏得別人的尊敬。」

發著抖送出這段訊息後，我才發現自己和這位學員一樣既難受又生氣，可原因不在於她爸媽不認同課程，而是我心疼她那努力想改變的心。

這些年開班授課，來來往往許多學生，小嵐不是第一個告訴我，最親近的人如何傷害他們熱切的心。

每當他們在課堂上，學會一個重要的觀念或技巧時，最願意給他們稱讚和回應的人，往往是剛相處的同事或客戶。而那些他們最希望得到回饋的人，卻總是刻意或不經意忽略他們的變化。

於是他們非常納悶，當初為了改善伴侶關係、親子關係、工作關係……等，下定決心報名，踏進教室，花了許多力氣調整習慣，怎麼到最後，一起享受甜美果實的人，卻不是心裡最在乎的人？

親愛的朋友，如果你也有同樣的困擾，我不想騙你，告訴你：「再給他們一點時間，他們有天一定會發現的。」

因為「老關係」，最常有的毛病就是「老花眼」。總是用理所當然的印象，套用在熟悉的人身上，不知不覺就給出了評斷與標籤。

學習，可以幫助我們，呈現出更好的自己，不被情緒和本能給左右，但卻不保證一定能改變他們看你的眼睛。

假如你發現，不管你多麼的努力，你所關心的人，卻仍用舊的眼光看待你，一直挑剔、打擊你，彷彿關係只要仍有差異，無法達成共識，就是你的錯；好像只有聽他們的話，才是好伴侶、乖小孩、優秀的同事。

但你清楚這樣的期待，會讓你感覺到委屈。你不願意再複製過往無效的溝通，一味地討好對方，換取表面的和諧，你渴望的是一份平等和理性的互動。

此時，唯一的辦法就是停下腳步，不再苦苦追尋他們的認同，而是轉過身，好好看看自己的成長。當你有勇氣把舊的關係放下，往前走，拉開距離後，他們才有可能把你看仔細。換句話說，當你站太近的時候，他們是看不到你身上的新變化。

我們無法強迫他們把矯正老花的眼鏡戴上，但你卻可以決定，要不要繼續用他們的眼光看待自己。

當你發現自己很認真更新，但他們卻沒有心思欣賞，只肯承認舊版本的你，反覆提起那些讓你覺得不舒服的回憶或經驗。請適時地，在心裡移除或割捨這些舊關係吧！放下期待，你才有機會騰出空間，裝進新的可能與互動。

學習溝通，並非要追求和任何人都相處得來，而是你有勇氣離開任何一個人，重新建立一段讓你覺得舒服、滋養的關係。

如果在課堂上，你學會的是建立關係的方法，那麼在實際生活中，你得慢慢區分誰才是你值得用心的對象。關係是兩個人的事情，不可能只有一方努力，而另一方享受就好。更不能去懲罰願意改變、付出行動的人，好像只要關係沒有變好，就是學得不夠徹底、不夠認真。

倘若你覺得自己真的已經盡心盡力，仍舊無法改變他們看待你的角度，請接受他們有他們的看法，但是你可以擁有自己的詮釋，你是怎麼樣的人，只有你自己最清楚。千萬別因為他們的看法，而抹滅自己的努力，特別是在脆弱的時候，找真正懂得欣賞你的人，給予你支持，如此你才不會一不小心，就複製了他們的眼光，開始懷疑起自己。

這份成長是專屬於你的，無論外界肯不肯定，你都該為自己感覺驕傲，因為你是那個願意真正付出行動的人。

沒有人能將你套牢，除非你先選擇了在乎。

最後，別忘了，隨著生命往前走，我們有很多關係都會慢慢變老。你一定要記住這種被否定、忽略的感覺，在面對生活中的其他人，別讓自以為是，阻礙了你認識他們的眼光。

請保持一雙赤子的眼睛，你才能打開心，看到每一處細膩的變化，成為自己與他人最好的啦啦隊長。

轉個彎這樣想

學習溝通，並非是要追求和任何人都相處得來，而是你有勇氣離開任何一個人，重新建立一段讓你覺得舒服、滋養的關係。

你是正常說話，還是在演偶像劇～人生如戲？（上）

媒體，對一個人的影響是多麼地全面且深刻。
不只有性別刻板印象的問題，
還包含著對角色的認同，
怎麼回過頭來塑造一個人的言行。

有人說：「人之所以喜歡看戲，是因為我們總是能在別人的故事裡，找到自己。」

不管是哪一種形式的戲劇，電影、連續劇、舞台劇，甚至是卡通、動畫，我們都深深地被故事裡的主人翁給吸引，跟隨著他一起冒險和經歷人生。

一齣好的戲，一定要能貼近真實、反映人性，才能讓人有所共鳴。但一齣好戲，卻不是真實人生一比一的濃縮，需要大幅度的修改，才不會讓人感到厭煩，那些無趣的交通、盥洗、採買，只要和推動情節無關的活動，全都會被忽略。

畢竟電影只有兩個小時，不可能逐一還原。但問題來了，那些被擷取下來的橋段，就一定靠近真實嗎？我們真的有可能像螢幕中的人，那樣說話嗎？

我曾經認識過一個學員，他告訴我他上課的目標，是希望有一天能像電視上的人那樣說話，一開口就直搗核心、沒有廢話。

當時我沒有直接反駁他的期待，但隱隱覺得這個願望背後有需要調整的地方，可又說不出來，直到我開始學習寫劇本、當編劇後，我終於明白問題出在哪裡了！

而且我可以直白地告訴你：「你千萬不能像電影或電視上的主角那樣說話，如果你真把那一套邏輯，放進現實人生中，你的人際關係一定會出問題。」

舉幾個例子。在我開始寫對白後，我的老師就一直提醒我，不能讓人物變得嘮叨、無趣，每一句話都要有意義。浪費觀眾的注意力，是謀殺作品最快的捷徑。

所以你絕對不會在一齣好戲裡，看到這類對話（節錄自《對白的解剖》第八十頁）：

A：「這時間你該走了。」

B：「所以你是要我走囉？哼，你沒有把我要說的全部聽進去，就不走。」

A：「你說的我都聽到啦！一點道理也沒有。」

B：「道理？道理？你要我跟你說道理？我跟你說的哪裡沒道理？你說啊？」

好，現在你讀完了這段台詞，你知道問題出在哪裡嗎？

你可能會很疑惑，這對話很流暢啊！很像夫妻在吵架時會講的話。

這就是關鍵了，在真實人生中，我們會不自覺地重複對方的話尾巴，用以確認我們聽到的，和他說出口的，是不是一樣。我甚至在溝通課程裡，特別挪出一堂課的時間，告訴學員把這個環節做好，有多重要。

可是在戲劇裡，這是不成立的，要達到同樣的效果，你可能會聽到主角們是這樣說的：

A：「這時間你該走了。」

B：「我沒達到目的，是不會放棄的，你最好聽話照做。」

A：「你說的根本就沒道理，憑什麼要我遵守。」

B：「憑我是一家之主，我說的話就是真理。」

現在你可能更困惑了，這段讀起來也算通順，到底差別在哪？為何在真實人生中，你這樣說話，就等著關係破裂或得罪人。

原因是修改後的對白，可以讓觀眾一下子就感受到演員B是一個霸道、固執的人，而且他握有比較多的權力。而本來的台詞，你感受不到角色個性，也不知道他們之間關係的落差，比較像是無意義的重複。

這樣的重複，在人際互動中，是一種緩衝或潤滑，不至於每一句話都太過犀利或直接。

然而戲劇的核心，就是想方設法創造最大的「衝突」，所以編劇當然不能浪費角色每一次開口的機會，一定要想盡辦法在最短時間，壓縮情緒，讓觀眾感受到最大的衝擊（因為每一秒的拍攝成本都很昂貴啊）。

所以你再仔細分析，修改後的台詞，幾乎不會重複對方說過的話，比較像是「告知」而不是「溝通」。

有興趣的話，你可以隨便打開一部電影或戲劇，把主角們的對談打成逐字稿，不用多，兩分鐘就好，你就會發現我所言不假。沒有人在重複或確認對方說過的話，因為這樣主角會看起來很笨，就一點都不吸引人了。

此外，一般人剛碰面時，都會有一些基本的寒暄，問問吃飽了沒？怎麼來的？在戲劇裡，這也是大忌，只會拖慢節奏。有經驗的編劇，絕對不會寫出這麼平淡的對話，不然，就等著被導演罵，或被資深演員改台詞。

那知道這些跟你有什麼關係呢？

因為人是模仿的動物，我們每天接收這麼多訊息，不知不覺就會內化成身體的一部分，覺得這麼做才是對的，很難意識自己犯了什麼錯誤，因為你所接觸到的人物互動、對白都長這樣啊?!你甚至會以自己腦袋中的畫面為依歸，覺得理想的溝通就應該如此。

我曾經諮詢過一個年輕朋友，他的能力很強，卻一直無法融入職場生活。因為他深信對的事情，就應該堅持到底，而且一定要開門見山、不拐彎抹角，才是有guts，那些說話高來高去的人，都是心懷不軌。

我問他是什麼讓他覺得只有一種呈現方法，才是對的？

他舉了一些電影或戲劇的知名橋段，還有主角和反派角色的差異，他說得口沫橫飛，我卻在心裡大叫：「孩子啊！你電視看太多了！醒醒吧！」

從那之後我就開始意識到媒體（不論是主流或網路），對一個人的影響是多麼地全面且深刻。不只有性別刻板印象，還包含對角色的認同，會怎麼回過頭來塑造一個人的言行。

特別是在這個世代，真實的互動變少，大多數的活動幾乎都在網路上完成，就更困難察覺到幻想和現實的差異。

回過頭來，難道我們要把人生和戲的落差，全怪罪給編劇嗎？絕對不是的，正是因為有他們辛勤工作，我們才能放空、享受不是嗎？

重點是，我們能不能有意識的區分「戲劇」和「現實」的差別。

轉個彎這樣想

在這個世代，真實的互動變少，大多數的活動幾乎都在網路上完成，就更困難察覺到幻想和現實的差異。重點是，我們能不能有意識的區分「戲劇」和「現實」的差別。

你是正常說話，還是在演偶像劇～人生如戲？（下）

真實的互動，
也許不像戲劇那麼流暢、完美、絕無冷場，
卻是你和他人發展出信任感重要的過程。

前一篇我們已經了解，戲劇的對話方式，不能完全等同真實的人際互動。

可經常追劇或喜歡看電影的你，一定會很納悶，那究竟差異在哪？為何同樣的話，主角說，既帥氣又率性，換我們說，卻變成是白目又任性？難道真是因為顏值有差嗎？

不，這絕對和容貌無關。同樣的話，再美、再帥的大明星卸了妝、下了台，回到他在世俗的關係裡，也不可以完全按照劇本裡寫的那樣跟人說話，否則就會被扣上大頭症的帽子。

關鍵點在於編劇創造角色的目的，是為了讓人「崇拜」或「認同」，讓你把所有焦點全放在這個人身上，你才會帶入自己的情緒，為他揪心，替他捏冷汗，同情他的遭遇。

可是溝通不同，溝通有一個非常重要的目的是，創造「連結」。意思是透過對話，讓原本意見相左的人，可以開始交流，懂得彼此的在乎。

因此，理論上，注意力是需要平均分配的，即使沒辦法做到一比一，至少也不能太失衡。

換言之，如果你在溝通中，太需要掌控話語權，或是希望對方完全以你為焦點，對方就會覺得這場談話，好像沒有他的位置，多解釋也無益，那乾脆停止對話。於是溝通就失敗了。

那編劇到底是用什麼技巧，讓我們不知不覺掉進戲劇的氛圍裡，崇拜或喜愛上他們精心塑造的主角呢？

有一個核心要點在於，絕對不能讓主角「問問題」，一定要讓他看起來是聰明、胸有成足，永遠是最了解情勢的那個人。

即使要問問題，也是建立在「上對下」的階層位置，譬如：律師問話、主管質疑部屬、醫師問診，目的是證明他自己是對的，而不是真正了解對方在想什麼。所以你很少在螢幕上，看到以下對話：

主角：「是什麼讓你今天沒有出席派對？」

配角：「因為我不想遇到莎琳娜，我上個禮拜跟她吵架了。」
主角：「喔！你們之間有爭執，為了什麼而不愉快？」
配角：「何止不愉快，我根本氣瘋了。你知道她故意勾引我男朋友嗎？她接近我根本就是有意圖的。」
主角：「你可以再多說一點，她做了什麼讓你覺得生氣，害怕男朋友被搶走？」
這樣的來回，會讓主角看起來很弱，彷彿她是唯一被矇在鼓裡的人。因此，一個成熟的編劇，若要達到同樣的效果，會把台詞修改成：
主角：「你今天沒有出席派對，是因為莎琳娜惹毛你了。」
配角：「沒錯，我上個禮拜跟她吵架了。」
主角：「她對你男朋友下手了！」
配角：「那個綠茶婊！一定是她故意在大庭廣眾下，和我男朋友打情罵俏，八卦才會傳得這麼快。」

主角：「我哪需要靠八卦消息。我第一眼見到她，就覺得這女人心機很重，得小心提防，你卻不信，傻傻的把她當閨密，現在證明我說的才是對的吧？」

有讀出差別嗎？下面的對話，是不是情緒張力比較大？節奏快？同時，主角對情勢是有所掌握的，她不是處在一個被動、未知的位子。

可是這樣的表達方式，卻犯了溝通一個很大的禁忌，叫做「預設立場」。主角預設配角，心情不好是因為和朋友吵架，而且原因一定是因為男朋友的問題，只有她有先見之明，看得出端倪。

這在戲劇裡成立，是因為編劇對於接下來人物要發生什麼事情，他全都一清二楚，所以編劇能設定配角是配合、順從的，會自己吐露重要的訊息，以突顯主角的特別。

可是在真實生活中，如果有人這樣跟你說話，你鐵定火冒三丈，最常見的對話就是親子之間：

媽媽：「你成績又退步了，一定是因為社團活動占用太多時間，沒時間念書?!」

你：「你別亂瞎猜，是因為這次題目很難，大家分數都不好。」

媽媽：「你說難，為何隔壁家小美還是可以考九十幾分，分明就是你自己的問題，你是我的小孩，難道我會不清楚？」

不用我多說，你可能談沒兩句，就想轉身離開，不想再跟媽媽有任何交談。因為媽媽沒讓你感覺到，她真想了解你的狀況，她心中已經有成見，她只是想證明自己是對的。也因此，你覺得她根本就沒有要好好跟你溝通的意願。

一段好的溝通，需要有人像第一段主角，帶著「好奇」與「未知」的心情發問，另一個人才會覺得被接納。可偏偏這樣的互動是很難在螢幕上看見的，因為沒有戲劇效果。

所有人的學習都是從模仿開始，最初是家庭，後來慢慢變成是同儕與社會。而社會的部分，媒體又占了很大的分量，成為我們長期的訊息來源。此時，若我們並未有意識的區辨戲劇與真實的差別，就會一不小心，把螢幕上看到的人，當作是學習的對象，受到這些人的影響。

以至於在現實生活中，當有人被我們的話激怒時，我們還會覺得對方小題大作，EQ不好，殊不知是因為自己的表達方式，讓對方覺得被冒犯。

相信讀完這兩篇文章，日後當你追劇或看電影時，一定更能區分出哪些表達方式放在主角身上成立，但放在你身上卻會是一種反例。

真實的互動，也許不像戲劇那麼流暢、完美、絕無冷場，卻是你和他人發展出信任感重要的過程。假使你希望每一場溝通，都要像戲劇那樣有效率、不拖延，就註定你和他人的關係是一場悲劇，只有數不清的摩擦。

要建立滋養、相互支持的關係，我們需要的不是精緻、簡潔的台詞，而是即使粗糙、笨拙，卻充滿情感的真實對話。

一段迴避所有尷尬、出糗的關係，那樣光滑無瑕的互動，是留不住任何回憶的。

轉個彎這樣想

要建立滋養、相互支持的關係，我們需要的不是精緻、簡潔的台詞，而是即使粗糙、笨拙，卻充滿情感的真實對話。

Chapter

4

一個人能讓你多開心，你就會對他有多關心

關係篇

親愛的，那不是愛

女孩啊！女孩！
愛情從來就不是你想的那樣。
無條件的愛，不是無限度的寵溺，
那只會弱化你的能力，
變成一個毫無特色的人。

在捷運上，鄰座的年輕女孩對著手機，口氣微慍，略帶撒嬌地說：「都是你不來載我啦！害我遲到了。」

聽不見對方答什麼，只聽到女孩氣呼呼地回：「你可以早一點起床，帶我上班後，再去工作啊！你以前不是每天都送我上下班，為什麼現在做不到了。你是不是不愛我了？」

話筒傳來急忙解釋的聲音，語調又急又快。

我猜，剛剛女孩的最後一句話，戳中男孩心中的痛。

「難道不順著你的期待，就是不愛嗎？」

這巨大的命題，如鬼魅般，如影隨行著你我一輩子。

小的時候，不吃青菜，大人說：「不吃菜菜，不健康，生病病，讓人擔心，就是不愛拔拔麻麻喔！」

長大一點，不愛念書，身旁的人說：「不會念書，沒有好工作，你要家人養你一輩子嗎？這樣孝順嗎？」

成熟許多，不婚單身，路人甲乙丙說：「不生小孩，少子化，國家都快滅亡了，你只管自己開不開心，都不負社會責任。」

面對一份份的期待，我們總掙扎在「滿足別人」和「照顧自己」的兩端，努力找到換氣空間。

慢慢地，「順從」似乎變成「在乎」的另一個代名詞。

在各種關係中，為了證明你在意我，你就必須聽我的。如果你願意照做，你就會認同我堅持的原因，說不定，你也會喜歡上這個選擇。

於是，「包容」和「喜歡」的界線漸漸被模糊。

就像電話裡的男孩，很可能一開始是包容女友的依賴，疼惜她通勤的辛苦。然而，一旦這樣的善意被濫用，女友誤「以為」男友喜歡不辭千里，只為了見她一面。

這份包容就被扭曲成一種義務，而非心甘情願的選擇。

「以為」，是這世上最曖昧、可怕的一個字眼！

我們都曾用自己的想法揣度對方的喜愛，把別人的包容當喜歡，到最後才發現事情和自己想的完全不一樣。最後再責怪對方，為何不早點說。

對方真的從沒表態過嗎？還是，我們太習慣把對方的配合當成是理所當然的事。

就在我恍神思考，這個看似和愛情無關，又息息相關的難題時，隔壁的女孩忽然起身，帶了淚痕，準備下車。

隱約間，我聽到她說的最後一句話：「我以為你會和以前追我的人不一樣，原來你也是喜新厭舊的人。你對我的愛是有條件的。」

女孩啊！女孩！愛情從來就不是你想的那樣。

無條件的愛，不是無限度的寵溺，那只會弱化你的能力，變成一個毫無特色的人。

無條件的愛，更不是一項要求，因為在你開口提出請求的那一刻，你已經先把條件阻擋在你們關係中間。

如果你只想要有人順從、包容你，那麼你的影子已經可以勝任這個任務。

如果你只想和自己談戀愛，那麼任何一面鏡子都是浪漫的約會地點，經濟又實惠。

但別忘了，一個人是學不會擁抱的。

倘若你還眷戀另一個人的溫暖，請先張開手，打開你的心，允許對方真實的靠近。

然後，學習在緊密的交疊後，放開對方的胸膛。

你和他都是自由的，但在彼此相互需要時，你們知道如何給予支持與依靠。

當互動失去平衡，就像滿載的水庫，任何一個細縫，都會讓關係潰堤。

擦乾淚，別失望，下一次懂得把自己再攤開些，不害怕讓對方看見真正的你，也不再緊緊地握住。

愛情，有了呼吸的空間，你們會笑得更開心。

轉個彎這樣想

如果你只想和自己談戀愛，那麼任何一面鏡子都是浪漫的約會地點，經濟又實惠。但別忘了，一個人是學不會擁抱的。倘若你還眷戀另一個人的溫暖，請先張開手，打開你的心，允許對方真實的靠近。

別讓你的愛輸給了時間

愛情之所以讓人辛苦，
不是相愛的兩個人無法在一起，
而是對愛反覆的確認，
總需要在每一個小事件中，
確認對方有把自己放在心上。

一對小情侶，氣呼呼地來到我面前，背對背，一句話也不肯跟對方說，卻又用著眼角餘光偷偷瞄對方的表情。

我咳了一下，清一清喉嚨，試著打破隱形的角力：「你們有誰願意告訴我，發生什麼事情了？」

「你知道他有多過分嗎？居然當著我朋友的面吼我，不准我再去跳舞。」

「她才惡劣哩！明知道我不喜歡她去跳舞，卻還騙我是跟閨密出去，結果卻是去跳舞，你說她是不是心裡有鬼。」

「你不要含血噴人喔！如果你會答應，我還需要說謊嗎？」

就在他們一來一往，爭奪著話語權的同時，我的意識退到了房間的角落，想要拉開一點距離，好好理解眼前這個結，究竟是怎麼發生的。

對男方而言，要解決這個問題不麻煩，只要女朋友別再做令他不開心的事情就好。

對女方來說，要化解這難題也不困難，只要男友別再疑神疑鬼，給她空間與自由。

兩種需求拆開來看，都很簡單，如果男生可以找到一個願意整日黏在他身邊的人，就能滿足他渴望被依賴的需要。而女生，只要找到一個懂得自己會快樂的伴，被信任的感覺，便能讓她放心地飛翔。

可偏偏這兩種需求放在一起時，恰恰站在相反的對立面：控制與自由、一靜一動、一黑一白，誰也不相讓。

愛情之所以讓人辛苦，不是相愛的兩個人無法在一起，而是對愛反覆的確認，總需要在每一個小事件中，確認對方有把自己放在心上。

所有不經意的眼神與動作，都會被放大解讀，搜尋著對方在意的表現，反應著內心最深層的不安。

忐忑，兩個字，說出了愛情最具體的聲音與模樣。是關係，另一個被遺忘的外號。

我在腦中小心拿捏著自己的回應，盤算著第一句話該怎麼定調，才不會讓他們覺得我厚此薄彼，是對方派來的打手。

「其實重點並不是跳不跳舞，你們都想讓對方知道自己的委屈，渴望看見對方心疼的表情，哪怕是一絲絲歉意都好。那代表著對方心裡還有你。」原本唇槍舌戰的兩個人，忽然安靜下來。

「但別忘了，當你們決定相愛的那一刻，你們就活在兩個空間裡，一個是『我』，一個是『我們』。你們都得努力讓這兩個空間是足夠舒服與寬廣，能夠容納得下生命中必然會出現的紛紛擾擾。」

如果只有「我們」，而沒有「我」，I（愛）就無法存在。

如果只有「我」，忘了「我們」，情就無法發生。

唯有「我」+「我們」，愛情才會完整。

在關係中，當你的能力越好，對方越不需要負擔你的快樂，你們都會更自在。

《小王子》裡有一段話，狐狸告訴小王子說：「你花在玫瑰身上的時間，讓你的玫瑰變得如此重要。」

你愛的人也許並不獨特，真正無可取代的是，你花在對方身上的時間，以及你們願意為彼此留下的空間。

望著眼前的男孩，我祝福他學會給出空間；握著女孩的手，我鼓勵她練習挪出時間。當他們能在關係中，可以自然地給出這兩份禮物時，便能共同創造出四維度的愛情，超越時空的羈絆。

當心更自由，「我」和「我們」都會更快樂。

轉個彎這樣想

如果只有「我們」，而沒有「我」，I（愛）就無法存在。

如果只有「我」，忘了「我們」，情就無法發生。

唯有「我」+「我們」，愛情才會完整。

你願意花多少時間灌溉關係花園，又想留多少空間給自己獨處放空？
寫下來，釐清楚，對方才知道如何與你相處。

當關係沒有愛，只剩下責任，該不該繼續？

當一個人嚷嚷著，
在關係中沒有「愛的感覺」，
他真正想表達的並不是關係裡沒有愛，
而是他找不到「被滿足的快樂」。

某天在網路上閒逛，看到有人發文表示自己和另一半愛情長跑很多年了，但最近對另一半的感覺越來越淡，甚至有些膩了，該不該分手？沒多久，許多「熱心」的網友，開始分享自己的觀點。有人覺得沒感覺了，就好聚好散，免得走進婚姻、生了小孩，拖累更多人。

也有人覺得愛情本來就是如此，當激情褪去，兩個人要學會包容，不可能靠著怦然相處一輩子。

其實不管你支持或反對分手，不可否認的，兩個人在一起越久，孤單和不滿是必然的考古題。

面對關係的困境，不少人會把問題的焦點放在伴侶身上，覺得對方似乎要有能力，緊緊抓住自己的心。

於是乎，我們對伴侶的期待，隨著交往的進程，他／她必須從一開始的好情人、好朋友，慢慢地變成好玩伴、好父母、好教練。

在低潮時，提供情感上的慰藉；在困惑時，幫忙邏輯上的分析。東西壞了，要會修；肚子餓了，要會煮。還得懂得你每一種興趣，能夠隨時陪你閒聊，讓你感覺被理解。不知不覺，我們把內在許多的慾望，投射在對方身上，期望對方擁有強大的功能，藉此滿足自己人生不同階段的需要。

「All in one」的設計，當然好，那麼我們就可以省去建立不同關係的力氣，省時又有效率。然而，你再仔細想想，當你把許多需求都放到另一個人身上，時間久了會發生什麼事情？

首先，我們都知道，當機器越複雜，故障的機率就會越高。大同電鍋「only one」的設計雖然簡單，卻十分耐用。

何況人不是機器，事務機某個功能壞了，也許你還會忍耐著用它。但人壞了，可能只是某一句話沒符合你的期待，你就會生對方的氣，導致他的其他功能也無法正常發揮。

於是，你不只失去一個情人，連帶生活其他的運作也隨之停擺。

更矛盾的是，就像你買了跑車，你很清楚自己欣賞它的馬力與操控性，所以你會忍耐它可能有點吵、坐起來也不舒服，你不會一邊開車，一邊嫌棄它不如勞斯萊斯安靜、舒適。

但回到親密關係，我們卻經常忘記自己當初喜歡上對方的理由為何，明明當初愛上對方的斯文／溫柔，習慣後，卻覺得對方不夠有魄力／俐落。這感覺就像你興沖沖移民到北極，待了一陣子後，卻開始嫌北極太冷。究竟問題是出在誰身上？

（倘若你仍堅持這世界上真存在一個人，可以滿足你各式各樣的期待與想像，我只能說，哆啦A夢是你最好的選擇。但前提是，你家的抽屜可以通往未來。）

當一個人嚷嚷著，在關係中沒有「愛的感覺」，他真正想表達的並不是關係裡沒有愛，而是他找不到「被滿足的快樂」。或覺得某一部分的自我無法得到釋放，這讓他感到有些失落。

而人在難過時，會很想要被支持、理解，這時如果最親密的另一個人無法讓他覺得滿意，他便會對關係失望，覺得這段感情大不如前。但，你可能還是本來的模樣，只是他要的不同了。

別忘了，快樂是自己的責任。當你只習慣從同一個人身上得到滿足，你其實是把自己情緒的權力交給他，任憑他回應的好壞決定自己的心情。

這世上沒有誰非誰不可，在質疑關係沒有愛之前，也許，先該問的是：你為自己的快樂做了什麼努力嗎？你有讓自己活出光彩嗎？還是，你只是期待有另一個人拯救你的低潮。

我很尊敬的一位心理學前輩哈克，曾說過一句話：「在愛中，自己的能力越好，伴侶就越自由，因為他不需要為你的快樂負責。」

在取捨一段關係前，或許更需要思考，你為自己的快樂負責了嗎？

轉個彎這樣想

別忘了，快樂是自己的責任。當你只習慣從同一個人身上得到滿足，你其實是把自己情緒的權力交給他，任憑他回應的好壞決定自己的心情。

真要對人好，就別留下陷阱考驗他

挫折教會他，
那些傷你最深的人，
往往是你當初最信任的人。
夠靠近，才知道痛點在哪。

晚間十點，掛電話前，阿遠語重心長地說：「想想真可悲！LINE群組上百個，朋友名單近千人，竟然找不到一個人，可以談工作中的不如意。」

我沒接話，因為我也有同樣的感慨。

阿遠之所以選擇我，不是因為我可以給他什麼好主意，相反地，正是因為我不在他的生活中，對他的專業毫無了解，他才會如此放心地說出心底話。

阿遠的擔心很實際。他不確定自己隨口一句情緒性的話，會被同行、同僚解讀成何種意思；找客戶訴苦？他沒傻到拿自己的前途開玩笑；和太太談心？他不想自己正焦頭爛額時，被妻子追著問公司會不會開除他；那些平常打屁的臉友、LINE友，更不可能懂他的痛苦。

廉價的安慰他聽多了，那滋味比摻了水的米酒，還難入口，卻又不得不嚥下化學味十足的關心。

在職場打滾多年，阿遠很清楚謹言慎行，是保護自己和別人的最上策。有些話沒分享，不是因為關係不好，正是因為互動太頻繁，隱微的競爭關係會讓說者無心，聽者有意。

挫折教會他，那些傷你最深的人，往往是你當初最信任的人。夠靠近，才知道痛點在哪。

我問他：「你信任我嗎？」

他笑著說：「等哪天你不開課，真的變我朋友，就不說了。」

我苦笑，因為我在這句話裡聽到了「慈悲」。想起了一個故事：

法會結束，香客都安頓好、就寢後，一位年長的比丘尼囑咐新進的小姑娘：「離開時，記得要把廚房的門鎖好。」

小姑娘不解：「師姐，來廟裡參拜的民眾個個都很虔誠，行善佈施，難道你把他們當賊來防？」

「如果廚房的門不鎖，有人半夜肚子餓，發現廚房有食物，這時他是吃還是不吃？吃了，他變成了小偷；不吃，看著眼前白胖胖的饅頭，他會有多痛苦。你若真要對人好，就別留下陷阱考驗他。」

第一次聽這個故事，還是個莽撞無知的年輕人，無法理解明明是對方犯的錯，為何要怪人沒鎖門呢？花了很長的時間才明白，我們所做的事情，有一天都會回到自己身上的。

阿遠的歷練讓他了解到，無論他說的話是有心還是無意，他都必須考量到潛在的影響，對誰說？說什麼？怎麼說？都是盤算，也是修養。

你覺得他活得很累？我覺得不肯接受這個事實，更累。

阿遠早看透這一點，傷反而少一些。

如果你身邊有一個能讓你暢所欲言的朋友，不論大小煩惱、公事私事，你都敢找他傾訴，並獲得剛好的對待，要記得你是幸福且幸運的。

在這個通訊軟體和交友網站比電視頻道還多的世代，要找到一個讓人放心的朋友，難度和中統一發票特獎是差不多的。機率仍然有，也比找靈魂伴侶簡單些，至少你不用和他一起生活、管理財務、生兒育女。

但如果你覺得自己是個好人，與人為善，卻一直碰不上這樣的靈魂朋友。別自責，互動是兩個人的事，對方的回應要能契合你的風格，並跨越到更深的信任，是種緣分，需要一點成熟、美感和時機，刻意了，就僵了。

轉個彎這樣想

對誰說？說什麼？怎麼說？都是盤算，也是修養。

如果你身邊有一個能讓你暢所欲言的朋友，不論大小煩惱、公事私事，你都敢找他傾訴，並獲得剛好的對待，要記得你是幸福且幸運的。

信任是很珍貴的禮物，你想送給誰？
他會好好珍惜嗎？善良，是種選擇，請為自己做一個好決定。

花甲阿嬤教我的事

唯有死亡，
才能切斷所有的依賴，
讓孩子真正地「轉大人」。
死亡不是消滅，
而是下一個階段的重生與獨立。

大約五、六年了，幾乎都忘記每個星期固定時間，坐在電視機前，等待著新戲播出是什麼感覺了。寧可等戲全演完，再一次毫無懸念地把劇追完。

但這次不一樣，一個名叫「花甲」的大男孩，一段他和阿嬤的告別，與四個早已白頭，在母親床前仍爭著搶糖吃的叔伯，合演了一齣情感真摯的好戲。那些再真實不過的對白與情節，只消一個眼神、一段對罵，都能瞬間讓你跌落回憶的跟前，哭得無法自己。

故事裡的阿嬤，含著一口氣，把流落在外四面八方的家人，一個個都唧了回家。所有人都在猜，阿嬤為何「走毋開腳」，卻也因為死亡的逼近，迫使每個人能夠停下腳步，回頭檢視是不是自己的荒唐讓阿嬤放不下心。

但阿嬤終究死了，就像存在主義相信的，如果沒有死亡，我們不會懂得什麼叫好好活著。阿嬤終其一生如此關愛著自己的骨肉，到最後，她依舊選擇了最慈愛的方式，推了這些孩子一把。

是的，那是死亡，看似最殘忍的結局，卻也是最完滿的開始。

唯有死亡，才能切斷所有的依賴，讓這些孩子真正地「轉大人」。

死亡不是消滅，而是下一個階段的重生與獨立。

看著別人的故事，我掉進了自己的回憶。我想這部戲之所以這麼吸引人，是因為它演出了你我心中深埋的痛。

＊＊＊

記得小時候阿嬤曾牽著我的手，驕傲地向鄰人宣告：「我這查某孫，以後一定會穿綠色的制服上學。」

阿嬤不識字，不懂書本上密密麻麻的字，能為人生創造什麼美好？但她相信會讀字的眼睛，配上會寫字的手，日子會過得比較幸福些，不用像她辛苦攢錢。

每當我拿著一百分的考卷回家時，阿嬤總把我拉到一旁，小心翼翼地從衛生衣的暗袋裡，掏出一張紅色的紙鈔，摸摸我的頭，要我收好，下次再加油。

那早已泛黃的衣物、脫落的線頭，阿嬤一直捨不得換，卻捨得給我買糖吃。

還是小小孩的我，一心相信阿嬤的心願是蛋糕上的蠟燭，再多吹幾回，就能實現了。

可惜我太小看賀爾蒙的威力，上了國中的我，開始學會了反抗與撒謊，我傷透了大人的心。

和阿嬤的互動變得很彆扭，每回在樓梯間相遇，我總是低頭快速通過。我們從相偎而睡，到無話可說，這一切發生得太突然。

不知道從什麼時候起，阿嬤就不再提那件綠色制服的事了。也沒人寄望我會繼續升學，只要不闖禍滋事，就謝天謝地。

我持續和家人作對，直到國三下，父親的話傷到我那無可救藥的自尊，為了賭一口氣，我開始發憤念書，決心用成績單讓他難堪。只花三個月的時間，我從末段班考進前幾名的高中，跌破所有人的眼鏡。

放榜後，我興沖沖地想告訴阿嬤：「阿嬤，雖然這一次沒能穿上綠色的制服，但我還是考上了不錯的學校，三年後，一定讓你在家門口放鞭炮。」

可誰也沒想到，一陣急促的電話聲送來的不是祝福的話語，而是令人心碎的消息。同一天，阿嬤出了車禍，生命指數只剩下三，我衝到醫院，握著她的手，那段排練已久的話，卻怎麼也說不出口。

那天之後，阿嬤就再也沒有醒來，也或者說，她沒真正睡去。她在白色的床單上生了根，只能透過鼻胃管灌溉養分，維持基本的生命。日復一日的行光合作用，卻沒有長出任何一片綠葉。

我認定了那場車禍，是老天爺對我叛逆的處罰。

從此，我變得十分用力在過生活，沒日沒夜地念書，在心底一次次誓言：

「我一定要考上台大，讓阿嬤開心，她就會醒來，牽著我的手，成為她口中的驕傲。」

那份愧疚，讓我一直活在「來不及」的陰影裡，意外變成痛苦的代名詞。

我變得易怒焦躁，任何事情都親力親為、規劃縝密、提前完成，只為了把不確定感降到最低。我不停追求肯定和認同，亮眼的成績與工作表現，一座山頭攻下一座山頭，卻從未感到滿足快樂過。

因為在心裡最底層，我真正在追趕的是一份無法實現的原諒。但那個我最想聽見的聲音，卻不會再開口。

＊＊＊

看著花甲阿嬤的離去，我終於懂了，每個來到我們生命裡的人，都是來教會你一些事情的，上天巧心安排相遇，不單單只是為了讓人受傷，而是透過遺憾，讓人們更懂得珍惜。

就像《花甲男孩》的阿嬤，用生命想要教會所有人的不是悔恨，而是把握。

這世上真正讓人發光的不是鑽石，而是用淚水洗過澄澈的雙眼，那樣的眼睛才能看見愛的光芒，明白幸福無法用錢衡量，它在每一份在乎中。

害怕，無法讓人變得更強壯，但惦記可以。

如果有一天，所愛的人真的離開了，代表她該教會你的東西已經教完，請別悲傷，曾經存在過的喜歡，是不會消失的陪伴。

遺憾不是拿來折磨自己，而是保留一個思念的理由，下一段成長的種子。

只要對方還住在你心裡，死亡就不是分離。

在記憶的角落裡，有雙溫熱的手，不曾放開過。

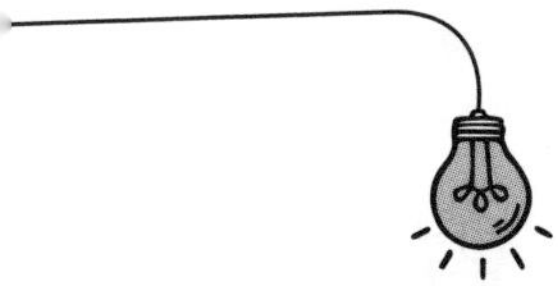

轉個彎這樣想

害怕，無法讓人變得更強壯，但惦記可以。如果有一天，所愛的人真的離開了，代表她該教會你的東西已經教完，請別悲傷，曾經存在過的喜歡，是不會消失的陪伴。

會不會你也成為了你最討厭的人？

你發誓不要成為這麼討厭的人，
要牢記怎麼好好靠近一個人。
卻在多年後，成為一樣的人。

開了門，你喪氣地跌坐在沙發上，憤憤不滿地說：「為什麼每次回家都要搞成這樣？難道就不能好好說話嗎？」

我知道這不算是個問題，況且，你根本沒打算收任何建議。

此刻你只想聽的是我的安慰，陪著你一起數落爸媽的不是。

「都說了不知道幾遍，叫他們別為了省幾塊錢吃剩菜；多出去走走運動，別待在家給電視看；有病要看醫生，別吃來路不明的藥；東西壞了就丟，別堆在家裡變垃圾；夫妻在一起三十多年，一天到晚吵吵鬧鬧，是不能少一點抱怨，多一點讚美嗎？怎麼樣都講不聽。」

「你對他們有很多期待？」

「才沒有哩！我只是不想要他們造成我的麻煩。」

「你覺得照你的話做，他們就會活得比較健康開心？」

「這有什麼好懷疑的，多交朋友、捨得花錢、對自己好一點、對家人客氣一點，生活才會多彩多姿啊！」

「你有沒有發現，你變成了自己最討厭的人？」

你彈坐起來，瞪大眼：「你是說我做錯了嗎？我這麼說，也是為他們好！」

話一落地，你馬上就明白遺傳的力量有多麼強大。不用等到下輩子，輪迴的業力已經實現。

當年一句「我是為你好」，掏乾了你的耐性，大力甩門就走，嘔氣，不肯回家。

你不解，爸媽憑什麼告訴你讀哪個科系、選什麼工作、挑怎樣的男人。他們怎麼可以用自己的標準，強迫孩子變成他們想要的樣子。

你正義凜然地說：「人生是自己的，我會為自己的幸福負責。沒有人有權力告訴我，怎麼做才好。」

你恨透了他們的理所當然，你渴望有人真心理解你的在乎。

他們氣你一意孤行，不懂父母苦心，不斷恐懼你未來的陷阱。

時至今日，他們擔心的事情，沒有發生。而你也早已得到你想要的生活，你擁有了權力，成為發號施令的人。

一個不留意，你也開始把自己的認為，放在你看不順眼的事情上。該怎麼生活？安排時間？使用金錢？與人來往？那些你不認同的觀念，全變成陳腐、落後的陋習。

你看他們的眼光變得挑剔、你對他們的行為感到不解。

你裁縫出另一套「為你好」的新衣，在每一次返家過節時，急著要他們穿上，變成你想要的樣子。一種新型態的老後生活。

卻忘了，在你的時代，獨立自主是被喝彩的能力；但在他們的世代，勤奮節儉是被歌頌的美德。

在你忙著告訴他們該怎麼生活時，他們感受到的不是關心，而是一無是處的批評。就像當年他們急切地為你張羅大小事宜，你體會不到關愛，而是難以掙脫的束縛。

你發誓不要成為這麼討厭的人，要牢記怎麼好好靠近一個人。卻在多年後，成為一樣的人。那些父母沒修煉完的功課，成為你無法逃避的命題。

其實，過不去的，都不是作法，而是愧疚。你捨不得他們不懂對自己好，他們放不下你吃苦受傷。你們在乎著彼此，卻又用同一句話，將對方推遠。

如果父母能給子女最大的禮物是，給他自由；那麼子女能給父母最大的回報是，還他們尊嚴。

即使他們生活的方式，和你完全不同，就像你夢想中的未來，他們難以想像。

親愛的，請牢記我們都先是自己，再來才是別人的家人。

你認為的苦，在他心中就只是一種習慣，無所謂好壞。感覺心疼的人是你，你得負起責任消化這份難受，而不是把壓力丟回對方身上，希望他們按照你喜歡的劇本活。

愛要不傷人，得先用尊重打磨過，拋光後的話會更亮也更圓潤。

轉個彎這樣想

如果父母能給子女最大的禮物是，給他自由；那麼子女能給父母最大的回報是，還他們尊嚴。即使他們生活的方式，和你完全不同，就像你夢想中的未來，他們難以想像。

別讓人習慣對你不認真

當一個人沒有把心空出來，
你說的話再對，
在他耳中很可能都是一種批評，
你怎麼可以否定他已經「很努力」的事實呢！

在你的生活中，是否曾遇過一種人？很愛問別人意見，卻又喜歡打槍別人的答案。

突然興沖沖地跑來問你：「我想減肥，你有什麼好方法嗎？」

你立馬掏心掏肺的回答：「我的建議是少喝一點飲料、多喝水。」

「可是，水很難喝，沒味道。」

「那你先戒消夜，應該也有效。」

「但是不吃消夜，會很餓，晚上很難睡。」

「既然吃對你這麼重要，不然，你多運動好了。」

「蛤！運動會曬黑、腿會粗。」……

這樣的對話繼續輪迴下去，不曉得你會在第幾個回合翻對方白眼？

因為工作的關係，經常會有人找我諮詢個人問題，剛開始我都是盡其所能地分享我的經驗或專業。但總會遇到某一種人，和他們談話後，會有一種「我拿真心向明月，豈奈明月照溝渠」的感嘆。

不論我怎麼好說歹說，他總有理由反對或舉出例外的狀況。但有趣的地方是，你若回他：「既然你都想過，那就照你覺得合適的方式進行就好啊！幹嘛來問我。」

這時，他可能又會接：「『可是』我沒信心啊！我想知道別人是怎麼做的。」

我心中的OS：「朋友啊！你剛剛打槍我的力道，一點都不像沒信心的人啊！」

交手的次數多了，我對他的任何詢問都會覺得意興闌珊，保持「聽聽就好」的態度，因為「認真就輸了」。

假如你也有這樣的朋友，你將發現你們談話的氣氛會越變越客氣，主題也相對安全，聊聊天氣、談談美食，維持表面和諧即可。

倘若對方又忍不住徵詢你的意見，你也會因為太了解對方，而選擇投擦邊球，順著對方的話說，不願意分享自己真的想法。例如對方又說要減肥時，你只會打哈哈說：「不用啦！你又不胖。」

「可是你看我屁股的肉都快跟大腿連在一起了。」

「誰的屁股不連著大腿啊！這樣很正常，而且太瘦，一把骨頭坐椅子也會不舒服。」

「真的呦！我也這麼覺得太瘦，其實並不好看。」語氣藏不住雀躍，並帶著一抹滿足的微笑，離開你的視線。

看著對方的背影，你認清了一件事情，關於減肥，他真的說說而已，好險你沒上當，才能全身而退。

若再仔細分析這種人，從他們不斷拋出「可是、但是、不過」，代表他們並沒有真心地想要解決問題；相反地，他們只是想透過你，來證明自己的想法是對的。除非你說到他心中滿意的答案，不然他們不會停手，有一種「拉盟友」和「找墊背」的意味。你氣他固執、不通情理也沒用。

當一個人沒有把心空出來，你說的話再對，在他耳中很可能都是一種批評，你怎麼可以否定他已經「很努力」的事實呢！同時，你的觀點很可能不小心傷害他自認的優秀，他當然得用力地反駁回去，以維持自己優越的狀態。

久而久之，大家就學聰明了，不想再當童話故事〈狼來了〉的傻子，真心換絕情。於是，某一天，當真的有狼來時，這樣的人會覺得身旁的人都好無情，沒人出手相救，讓他只能眼巴巴地看著羊被吃光，怨天尤人。殊不知，這是他自己種下的因，就得承擔相對應的果。

但也有人會抗議，難道事事附和別人的意見，才不算放羊的孩子嗎？當然不是。但記住一句話「要問，就要有能力收下別人的心意」。理解，不等於認同，更不代表你得照做。

別人的回應不論好壞，你可以視為是一種慷慨，他願意分享自己的經驗。任何作法之所以存在，都是一種可能性，有人提供你不同的角度，你的資料庫就越豐富。因此，不管對方的回答，你中不中聽，你只需要接住對方的好意，不用每一次都深究對方的作法適不適合你，就能避免觀念上的衝突。

此外，真正深思熟慮、有智慧的人，從不隨便問問題。發問前，他們會先想過可能的狀態或答案，你可以感覺到他們是真心來討論，而不是要安慰。換句話說，如果你是那種常常問好玩的人，要小心，你的朋友很可能已經忍你很久了。

最後，假使你是那個被問的人，當你試著好好地承接對方的狀態，卻一直被打槍時，千萬別覺得自己很無能，幫不上忙。一個不知道自己要什麼的人，你給他什麼都不對。把力氣留給真正願意面對問題、承擔責任的人吧！別在錯的人身上，找對的答案。

轉個彎這樣想

一個不知道自己要什麼的人，你給他什麼都不對。把力氣留給真正願意面對問題、承擔責任的人吧！

你值得更好的，
但你有真的更好嗎？

一段感情會出問題，
絕對不只有一方的錯，
承認自己也有需要成長的地方，
比起謾罵、抱怨，
更快能讓幸福找到入口進來。

自從爆料社團崛起後，逛Facebook時，總不免會看到網友轉貼的「靠北」系列文章，苦主身分從別人的男友、女友、媳婦、先生、朋友……等，角色類型千奇百怪。不過，最容易引起大家共鳴的仍是感情問題。

當匿名爆料者上網哭訴自己悲慘的遭遇後，底下的留言絕大多數，都會給予支持、鼓勵，一起數落另一個角色的不是，最後留下一句「你值得更好的」，要當事人勇敢放手，追求懂得珍惜自己的人，營造一股溫馨、勵志的氣氛。

可每每看到類似的文章，除了心疼當事者的經歷外，更多時候我對於大家深信不疑的「下一個男／女人會更好」的說法，是很保留的。因為在真實的經驗中，許多人終其一身的愛情故事，往往都是同一套劇本，只是男女主角換個人罷了！

情節不變、衝突相同、回應模式也一模一樣，所以也不可能有什麼happy ending，唯有老套的劇情不斷地輪迴罷了！

但這樣的觀察，在那樣的場域裡，是無法發表的，因為政治不正確。人們參與這類社團，往往想聽的不是真知灼見，而是一種同仇敵愾的氛圍，好讓自己覺得有歸屬感，不那麼孤單。

或許你會質疑，我憑什麼論斷別人不會有幸福的感情，說不定那個人只是暫時遇人不淑，分手後，多燒點好香，下一段就會是真愛啦？

是的，多數的人在感情中，都很清楚自己想要的伴侶需要什麼條件，就像你即使沒有房子，你心中對於「家」仍舊有一份想像，採光好、通風佳、視野遼闊或是交通方便。

可同時，你也會知道，你心儀的房子也會是別人喜歡的，因此你如果想擁有，就必須付出不少的代價，條件越好，房價越高，如此才合理與公平。然而，這樣的邏輯，在面對感情問題時，卻很少被提起。

在鼓勵別人勇敢追愛的同時，我們可曾花同樣的力氣，請對方回頭檢視自己配備了什麼條件，以匹配得起這樣的對象，並將心愛的人留在關係中，不會因誤解而結合，因了解而分開？

每年冬天，我都會舉辦一個名為「幸福工作坊」的課程，顧名思義，這堂課就是教大家如何找到屬於自己的幸福。比較不一樣的地方是，我不只是讓參與的學員空泛地討論感情問題，而是要他們透過牌卡（愛情卡），選出在抉擇伴侶時，最重視的前五項條件，以釐清自己對感情的期待。因為選擇有限，他們才會在心中有所取捨，篩選出最真實的想望。

在這段活動中，每一個學員就像上餐館點菜，選得不亦樂乎，畢竟光是想像另一半能滿足手中的條件，就很令人興奮了。

可是重點來了，在釐清擇偶條件後，我會發下另一套牌（能力強項卡），請成員從中挑選出自己最擅長的能力或與生俱來的特質。並且把自己做得很好的事情，和剛剛挑完的伴侶標準，放在一起對照。

到了這一刻，有趣的事情發生了，許多成員會突然驚呼，並明白自己過去的感情為何如此不順遂了。

舉個例子來說，在工作坊中，許多男性對另一半的期待，不乏是「溫暖溫柔」、「欣賞我／崇拜我／以我為榮」、「敏感體貼」、「會讚美、說甜甜話」、「願意聽我說話」。

看出一個規律了嗎？男性在感情中，很需要被肯定，他期待對方能夠以自己為中心。

先不管你是否覺得這些條件，太大男人主義，我常說在感情裡，需求不是拿來論斷對錯的，每個人都可以有他想要被對待的方式，重點是我們願意為這樣的需要，付出多少代價，以及我們努力的方向是否正確？

當這些男性，把自己做得最好的地方整理出來後：「能正確操作各種機器／設備／器具」、「看見數字的含義或變化規律」、「快速解決問題」、「以符號或方程式輔助思考」、「診斷修復能力」。

他才赫然發現自己很會跟電腦或機器相處，卻十分缺乏與人互動的能力。他會把人當事情解決，而不是好好地跟眼前的人相處。

接著，我會請他靜下心，再想一想，如果他喜歡的女孩，是很能夠給予支持、關心的類型，那麼她們會喜歡和什麼樣的人相處？在感情裡，這樣的女孩有可能會需要什麼，誰會是她的菜？

我常說維繫感情不難，只要你能做到「你需要的，對方可以給得很輕鬆；對方需要的，你付出得很容易」，這段關係就會非常協調與美滿。

可是我們卻經常只把焦點放在前一段文字，不斷地檢核自己的需要是否有被滿足，卻沒有花同樣的心力去思考，對方期待的，我們是不是真的負擔得起？

假使我們都知道想要擁有好一點的房子，就得賺多一點錢，讓自己扛得起貸款，要不就是降低一點標準，選擇自己能夠負荷的價位，讓生活不會過得太辛苦。

同樣的，當我們安慰別人值得更好對待時，我們是否有勇氣提醒對方，要達到這個目標，前提是你有真的變得更好嗎？倘若你不願意改變、調整，那麼唯一的辦法就是降低標準，而不是去找條件更好的人。

這些話，或許聽起來有些刺耳，但參與過工作坊的成員告訴我，那一次的活動確實將她打醒了，她終於知道為何有些男友在熱戀時，可以如膠似漆，可一旦進入穩定期，就爭執連連。因為她太過堅持自己的想法，只希望對方能滿足她的需要，卻忘了煮對方想吃的菜，讓男友感覺被接納。肚子餓久了，只好到別的地方覓食。

一段感情會出問題，絕對不只有一方的錯，承認自己也有需要成長的地方，比起謾罵、抱怨，更快能讓幸福找到入口進來。最後，若你希望生命中的天使降臨，別忘了，請先為她／他打造一個天堂。

轉個彎這樣想

當我們安慰別人值得更好對待時，我們是否有勇氣提醒對方，要達到這個目標，前提是你有真的變得更好嗎？倘若你不願意改變、調整，那麼唯一的辦法就是降低標準，而不是去找條件更好的人。

想想，在關係中，你最拿手的是什麼？
而你的渴望又是什麼？兩者平衡嗎？

你和他人的關係，是一種假性親密嗎？

不少人在虛擬的世界裡，
看似吃得很開，呼風喚雨、無所不知，
實質上卻只是一種「假性的親密」，
知道彼此很多的訊息，
但現實中卻不一定有真正的情感基礎。

年輕的孩子問我：「老師，怎樣才能交到更多的朋友啊？」青澀的臉龐寫滿了困惑，像是在陌生車站裡找不到月台，深怕遲一步，就錯過班車般，急著向我詢問方向。

「對你來說，什麼叫『更多』朋友？你現在完全沒有朋友嗎？」面對溺水的人，千萬別急著跳下水救他，拋個浮木讓他先抓著，確定對方冷靜後，再打撈上岸比較安全。

「有啊！我有朋友，但常互動的就那幾個，感覺有點遜，不夠有分量。有什麼方法可以更快跟大家打成一片？讓臉書上的數字好看一點？」速度，常常和青春劃上等號啊！

「聽起來你想要的朋友，像是一種裝飾品，用來突顯你在團體中的價值。這真的是你交『朋友』的目的嗎？」被我這麼一問，他愣了一會，聳聳肩，顯然從來沒有深思朋友之於自己的意義。

但我其實沒有打算說教，我能了解這個時期的學生，小腦袋瓜裡煩惱的，不外乎是同儕的關係。誰喜歡誰？誰又討厭誰？誰說誰的壞話？自己的意見有沒有被接受？

這些你可能覺得芝麻綠豆大的小事，對他們來說，卻是天大的事。畢竟在他們這個階段，自我認同還沒確立，往往需要透過外在的肯定以尋求自信，無法打自內心知道自己是誰？適合什麼關係？

加上社群網站的催化，不少人在虛擬的世界裡，看似吃得很開，呼風喚雨、無所不知，實質上卻只是一種「假性的親密」，知道彼此很多的訊息，最近忙什麼？去哪裡玩？吃了什麼東西？心情好不好？……等，但現實中卻不一定有真正的情感基礎，能夠信任對方。

就像大人世界裡，比抬頭、名牌、名車、豪宅、存款；在孩子的世界裡，比朋友數、追蹤數、按讚數、回文樓高、轉分享。比較的項目，在性質上或許差異甚大，但在本質上卻是雷同的，都是透過外在的擁有，來證明自己的價值，想要獲得關注與認同。

不論大人或年輕的朋友，他們心裡真正的議題，都是無法在關係中感覺到全然的充實與支持，才需要透過這些有形的事物，消除內心的焦慮。只是孩子還沒有能力撥開層層迷霧，用犀利的眼光、俐落的文字，看透遊戲的本質，只好跟隨眾人的腳步走，企圖在過程中贏得一些驕傲，用信心將迷惑驅趕開來。

但我也明白，在這強調物質的年代，我如果明白地訴求友誼的真諦，孩子不僅聽不懂，還會覺得我八股，下次見面再也不想和我多說兩句。

所以，我反問他：「你有去過超市買過東西嗎？」

「有啊！」他點點頭，蹙著眉，眼神閃爍著懷疑，不懂我為何要問他如此八竿子打不著的問題。

「那你去超市時，你會把每一樣東西都買回家嗎？」

「不會啊！我又不需要尿布、奶粉之類的東西。」

「這就對了，超市上陳列的商品，種類雖然繁多，但你會買的就是那幾樣。餅乾三大架、數十種，但你真正愛吃且會帶回家的就是那一兩款。就像朋友再多，你會說真心話的就那幾個。

「其他的不過也是看看，了解一下市面上有什麼新鮮貨，真要你掏錢試試看，你還很怕踩到雷。就像你不會隨便跟網友說自己的祕密。」

「但如果我有很多錢，我就都可以把它們帶回家啦！」

「那你把這些東西帶回家後，要做什麼？等著過期嗎？」他低下頭，開始思考「擁有」的真正目的。

「你慢慢長大了，會發現這個社會充滿不同個性的人，有人爽朗、有人孤僻、有些冷靜、有些暴躁，他們就像是貨架上的各類商品，每個人都有自己的特色和用途。重要的是你需要什麼？想要什麼？什麼東西你花心力買回家後，會有真正的快樂、讓你的生活運作得更順暢。

「你沒打算要當一個購物狂吧？還是你的夢想就是開一間超市，滿足你擁有各種商品的慾望？」

他笑了，露出羞赧的表情說：「你是要我量力而為，有多少錢？需要多少東西，才買回家？擁有太多是負擔，還會負債，而且也不會珍惜。」

我拍拍他的肩，肯定他開始有獨立思考的能力，最後跟他說：

「你現在很煩惱的事情，再過幾年就覺得沒什麼大不了，聽到別人有類似的困擾，還覺得小題大作。人都是這樣的，當時卡住我們的事情，裡頭都有一個很重要的需要等著被滿足，重要的不只是獲得方法解決那個問題，你若願意停下腳步，往裡頭看清楚之後再行動，或許可以少走很多冤枉路。」

有時，放棄不去做的事情，會比忙著做一堆事，來得更需要勇氣。別讓追逐和競爭，讓你漸漸失去自己。

轉個彎這樣想

卡住我們的事情，裡頭都有一個很重要的需要等著被滿足，你若願意停下腳步，往裡頭看清楚之後再行動，或許可以少走很多冤枉路。

你正在被軟土深掘嗎？從旅日球星的新聞中，我們可以學到的事

明明心中有千百個不願意，
卻因為各種原因或他人眼光，
做出違背自己心意的事情，讓自己不斷地受傷。
總是為了「做好人」，而放棄「做自己」。

旅日棒球選手陽岱鋼家族的紛爭，鬧得沸沸揚揚。有朋友問我，像這樣的家族裂痕是不是無可避免的？只要其中有一個人比較厲害，周遭其他的人就會自動失能，等著被照顧？由於我對這位棒球投手的背景不甚了解，無法針對這件事情發表評論，但我相信類似的心情很多人都經歷過。

當你透過自身的努力，好不容易贏得名聲、地位、財富或專業，卻被身邊的人視為理所當然，好像你會英文就得免費翻譯、有錢就要慷慨贊助、有粉絲就要大方代言宣傳，如果不這麼做，就會被貼上自私、小氣的標籤。完全不在乎你付出多少心血，才有今日的成就。

陽岱鋼的新聞，讓我想起了一個真實的案例「不能說『不』的提款機大哥」：

阿榮出生在一個大家庭中，是長子也是長孫，底下只有一個弟弟，其他都是妹妹。阿榮遺傳到爸爸的勤儉、認真，很早就離鄉到台北打拚，成家立業之後，有了自己的一個小家庭。但弟弟從小就好大喜功，一心想賺大錢、做頭家，創業數次，最後都賠錢收場。即便如此，依舊沒有澆熄弟弟的發財夢。只要聽到什麼好康，就會轉頭向爸媽尋求資金。

但爸媽早已年邁、身上也沒有積蓄，都是靠阿榮奉養，才能有安穩的老年生活。儘管知道小兒子有許多不良紀錄，兩老仍希望小兒子能盡快像哥哥一樣結婚生子。因此，他們經常代為開口向大兒子借錢，希望他這個做哥哥的可以幫弟弟一把，但每一次都慘賠，先前的錢也拿不回來。

阿榮曾拒絕弟弟的借款，但只要爸媽繼續苦苦哀求，他便會心軟。就這樣一而再、再而三地縱容，換來的卻是自己的孩子沒辦法好好地就學，很早就得出外打工，而龐大的經濟壓力，也把他壓得喘不過氣來，到最後罹患憂鬱症，選擇提早結束生命，還被親友說不負責任、太自私，丟下家庭就走。這麼荒謬的邏輯，卻不斷在你我身邊上演。

難道能者的下場一定得過勞嗎？或者為了不讓自己負擔這麼大，就繼續保持平庸嗎？以免別人眼紅想分一杯羹？

面對這種處境，你需要的不是向旁人證明自己已經承擔多少責任，而是堅定確立自己的「心理界限」。

在台灣的教育中，我們很少被鼓勵認識自己的需要與限制，並清楚地說出來。往往都是活在別人的期待中，滿足眾人的盼望。明明心中有千百個不願意，卻因為各種原因或他人眼光，做出違背自己心意的事情，讓自己不斷地受傷。總是為了「做好人」，而放棄「做自己」。

但「退讓」，通常伴隨而來的不是更多的「尊重」或「互惠」，而是越來越多的「不得不」與「勉強」，當心理的意願沒有被重視時，你的內在會被擠壓，接著變形。時間一長，你要不是討厭自己，要不就變得憤世嫉俗，到最後受傷最重的還是自己。

捍衛自己的心理界限，就是明確地告訴對方什麼可以？什麼不可以？

它並非是全有全無，只有「幫」或「不幫」的選擇，讓自己落入是不是太過自私的糾結中。

而是你很清楚地區分出，怎麼樣的條件能幫？以及能幫到哪裡？

換言之，承認自己的限制，是設立心理界限重要的第一步。不要因為別人加諸在你身上的光環，承擔了不必要的責任。

回到新聞事件中，不論這對棒球兄弟是否有財務往來，當他們可以把事情攤在檯面上來談，表明自己的立場，清楚說出自己的原則，就不容易人云亦云，讓自己陷入父子騎驢的窘境中。

記得，你可以不計較，但對方不能理所當然。否則「軟土深掘」的下場，就會像阿榮一樣，到最後賠上珍貴的性命。

回到你身上，如果你發現自己在一段關係中，必須透過他人的肯定或存在，才能建立自我的價值，並且經常壓抑自己的需要，以符合對方的期待，總害怕自己會成為自私或不合群的人。那麼是時候停下腳步，好好地檢視自己的界限是否太過模糊與糾結？

你的體貼與善良，應該留給真正懂得珍惜你的人。

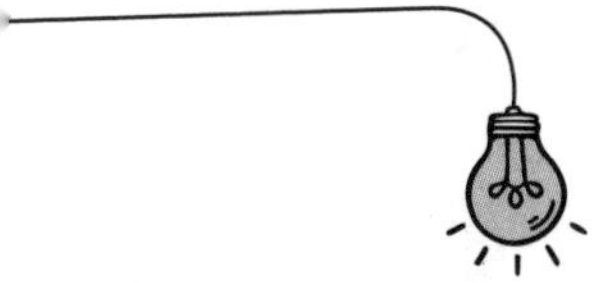

轉個彎這樣想

捍衛自己的心理界限，就是明確地告訴對方什麼可以？什麼不可以？

它並非是全有全無，只有「幫」或「不幫」的選擇，

讓自己落入是不是太過自私的糾結中。

而是你很清楚地區分出，怎麼樣的條件能幫？以及能幫到哪裡？

聽見心跳的聲音

我感受到身體最純粹的律動，
那一聲又一聲的悸動，
彷彿在提醒我，
一步接著一步走，
不著急，不忙亂。

你的人生有不知所措的時刻嗎？

迷惘時，你會積極向外尋求建議？還是停下來，好好問問自己要什麼？

人們總說越困難的問題，越要回到內心裡找答案，聽聽自己心裡的聲音。這樣的建議不僅充滿詩意，還帶著幾許愜意，但在真實中，卻不容易達成，時間總是被許多活動塞滿。

即使擁有獨處的時光，內心交戰的，經常不是自己的聲音，而是他人的期待，家人的關心、朋友的比較、愛人的羈絆。那些嘰嘰喳喳的話語，事實上來自於大腦和記憶，而不是心。

這個世界太過喧囂吵雜，急著討好的人往往容易迷失。

要多麼努力，才能分辨那念頭來自於純粹的心，而沒有混雜過多的人際調味料。

儘管我常告訴別人要「聽自己心裡的聲音」，但事實上，我覺得這狀態像是絢爛的彩虹，偶能瞥見其美麗的身影，卻不容易捉摸。直到那一個清晨，我才明白「發自內心」，是這麼一回事，也才找到靠近的入口。

那陣子，有些煩心的事，拿不定主意，連帶影響了睡眠。屋漏偏逢連夜雨的是，剛撿回來的貓，因為還不熟悉人類的作息，經常半夜喵喵叫，擾人清夢。

試過許多方法，仍無法讓牠一覺到天亮，總喜歡在三更半夜時，發出許多聲響，將淺眠的我驚醒。為了徹底斷絕牠用吵鬧吸引我注意力的計謀，我決定打持久戰，絕不因為牠的吵鬧，就起床阻止牠。

宣戰是容易的，對峙卻是折磨的。在失眠兩、三天，瀕臨崩潰邊緣的我，決定祭出最原始的武器——耳塞，藉此隔絕一切訊息，練就如如不動的功力，誓言要把夜貓變白貓。

那晚迷迷糊糊睡到天亮，陽光灑進臥房，準備起身之際，忽然我聽見一個強而有力的砰砰聲，本以為是樓上鄰居的腳步聲，但仔細聽，又不太像，怎麼一直在同一個位置，沒有移動？

閉上眼，再仔細分辨。那聲音規律、穩定、簡單卻讓人安心，我數著拍子，默默跟著節奏，再度掉進夢鄉。

恍惚間，我想起了現實生活中糾結的難題，有些焦躁，想逃。卻被沉穩的砰砰聲給吸引住，慢慢地平穩下來。

記得有人說過：「人生最好的境界是豐富的安靜。」

安靜卻又豐富，多矛盾的兩個詞，可我確實感受到了。那聲音幫助我從真實世界中，隔出一個小空間，在那靜靜地待著，沒有太多的流言蜚語，操控心神。

我諦聽著，確定它不是我大腦製造出來的音效，而是從內在深處發出的旋律。

忽然，我明白了，那聲音不正是我的心跳聲嗎？因為戴上耳塞，我感受到身體最純粹的律動，那一聲又一聲的悸動，彷彿在提醒我，一步接著一步走，不著急，不忙亂，我是堅強而可靠的。

那瞬間，我莫名感動，原來這就是「聽自己心裡的聲音」，將所有文字抽乾，只剩下最原始的跳動。

原來，在慌亂時，不是執著地向外尋求答案，而是把自己區隔開來，才能真正地靠近自己。

如果說，成熟意味著你學會傾聽自己內心的聲音，讓生命活得更有深度；那智慧代表的是你既能承擔起外界的眼光，也能安頓一個人的時光。

自此，當我焦躁、不安時，我便戴上耳塞，回到那個小宇宙裡，聽心的聲音，找回最純粹的自己。

拿下耳塞，那些紛紛擾擾的耳語，便不再那麼震耳欲聾、左右心神，
因為我知道 Just follow heart, it’s all right.
只要心還在，一切都不難。

轉個彎這樣想

在慌亂時，不是執著地向外尋求答案，
而是要把自己區隔開來，才能真正地靠近自己。

Chapter

/5/

每一個世代，都有屬於自己的style

世代篇

嗨！女孩

委屈不會幫你贏來任何的肯定，
當你忙著討好別人的時候，
你就沒時間喜歡自己。

嗨！女孩：

記得吹熄生日蛋糕的二十枝蠟燭那晚，你捏著自己的臉頰肉，苦惱著這個纏著你十多年的 baby fat，為何總是消滅不了？你偷偷想著，四十歲的自己是什麼模樣？

你想像自己應該有個穩定的工作、不錯的感情、遮風避雨的房子、代步的車、活潑的孩子、健康的身體，更重要的是保持一顆年輕的心。

親愛的，一晃眼，二十個年頭又過去了，今早起床，看到老同學在臉書上曬老照片，發現當時躲在角落，仍青澀、單純的你。

突然，好想跟你說說話。

親愛的女孩，恭喜你，當年許下的願望，大致都已經成真。只是內容和你想的有一些些不一樣。

畢業後，被生存壓力追著跑的你，臉上的 baby fat 早已消失無蹤，看著鏡子中削瘦、凹陷的面頰，你沒有一天不懷念那個膠原蛋白還飽滿的自己。搭捷運時，聽到年輕美眉抱怨自己臉太胖，照相不好看時，你恨不得能跟她們交換身體，回復那吹彈可破的肌膚。

走過這一趟，你才發現原來人經常把快樂藏在未來和過去裡，偏偏不是現在。

就像還沒去希臘時，幻想著地中海的藍。等回國後，惦記那裡海風的溫度。可在那當下，卻會嫌棄旅館不夠新、設備不夠好、食物都是冷的。

批評，總讓我們看不到當下的美好。原來欣賞的眼光，不是與生俱來的，而是願意花時間停留感受。

女孩，未來的你，會很忙很忙，得兼好幾份工作，才可能在台北擁有一個自己的小窩，不再需要經常搬家流浪。

工作上，你會遇到許多不同的人，跟不一樣個性的人合作。我想跟你說，不用勉強自己跟每個人都合得來。未來的世界，是一個強調特色的環境，每個人都有屬於自己的個性，如果你真的不喜歡某個人，你不需要報復或傷害對方，但你可以坦然接受自己的感受，在心裡好好告別，祝福他找到更適合的互動對象。

委屈不會幫你贏來任何的肯定，當你忙著討好別人的時候，你就沒時間喜歡自己。

對了，你如願出了書，但並沒有因此大紅大紫，因為在這個時代只要擁有臉書帳號、會打字，任何人都可以是作家。每個人都搶著被看見，那是一個安靜等於消失的社會。

我希望你在衝鋒陷陣之餘，別迷失在那喧騰的虛擬世界，那些冰冷的數字，按讚的人數，沒辦法讓你感覺溫暖，取代你和他人真實的互動。

請珍惜你身邊願意花時間陪你逛街、喝咖啡的家人朋友，因為有一天你會發現，兩個人好好說話，不被打斷，不分心回應不在場的人，是對方能給你的最高禮遇。

談到了家人，女孩，我要告訴你一件嚴肅的事情。

千萬別因為自己的性別，急著結婚、生小孩。不要因為你是個女人，擁有一個子宮，卻沒有選擇生育，而感到愧疚——如果當個母親，不會讓你感覺到快樂。

愛的形式可以很多種，你不一定要擁有自己的小孩，才能體會付出的快樂，覺得自己是個負責任的人。生命的完整，不建築在角色的扮演，而是你從每個抉擇中都能夠真正感到滿足。不需要把時間過得像馬戲團，隨時都在打包行李，趕往下一站。你有權繪製自己的生命地圖，別人走過的路、抵達的目的地，不見得是觸動你的風景。

最後，親愛的，我不想騙你，即使你工作快二十年，你存摺簿和薪資單上的數字，都不會太漂亮，但工作內容卻包羅萬象。在爸媽那個年代，請三位資深工作者才能完成的事情，現在一個大學生就能搞定。

我希望你一定要保持學習的熱情，對新事物充滿好奇，因為你從學校習得的專業，很可能出社會一、兩年後，就會被淘汰。請你別覺得挫折或擔心，這不意味著你很差，不如人，而是未來的社會，變得非常多元與自由，每個人身上都不只有一種專業技能。

這是世界的潮流，別跟趨勢唱反調。與其抱怨，倒不如換個角度，把學習當成遊戲，在每一個關卡取得不同的寶物，最後打敗大魔王，盤點資產時，你會為自己感到驕傲的。生活雖然會過得很忙碌，但至少無聊不會再出現在你的日記裡，只要你想學，一堆名師任你挑選，還不用付出場費，這真的值得慶祝。

任何一個世代，都有它的挑戰，你不是最幸福的，可也不會是最辛苦的。

願你一路走來，能見識不同的風景，卻不用經歷太多風霜；能歷經低谷，卻不深陷低潮；能夠付出，也能享受；可以愛，也可以恨，因為沒有傷痛，就沒有真正的親密。

關於生命的探詢，此刻的我還在半路，而你正準備出發，這條路可以走多久不知道，只盼望每一天都活得不遺憾。二十年後再碰頭，你的青春、配上我現在的獨立，再加上未來的智慧，一起編織出一個我們聽了會歡笑、會流淚的故事，那就值得了。

轉個彎這樣想

你有權繪製自己的生命地圖，
別人走過的路、抵達的目的地，不見得是觸動你的風景。

不論你現在幾歲，請用欣賞眼光的眼光，
找出生命這個季節的美好。

關於長輩圖，你其實不用那麼糾結

在發送的那瞬間，
他已經得到自己想要的認同與歸屬。
你若有所回應，也僅是錦上添花，不影響他的快樂。
但你的包容，卻能夠讓這份快樂得以延續。

「我開始後悔送我媽智慧型手機，你知道嗎？她學會用LINE後，每天傳給我一堆長輩圖、奇怪的文章、笑話。什麼『全世界都驚呆了』、『商人不敢告訴你的事』、『醫生的良心告白』……她再繼續相信這些網路謠言，我就真的要去收驚了。」

「你是不喜歡她傳的內容？還是不喜歡她打擾你？」

「這有差別嗎？」

「當然有！如果你只是不喜歡她傳的內容，你可以選擇點開，但不讀。但如果你是不喜歡她每天『早安』、『午安』、『晚安』，照三餐『關心』你，解法就不同！」

「說真的，她想傳什麼我沒太大意見，反正不認同，滑過罷了。可是每次她傳訊息來，我都很為難，覺得禮貌上應該要回一下，但頻率太多，也會覺得煩。」

「所以真正的問題，不是阻止她傳訊息，而是你不知道該怎麼回應才算適當？」

「好像是這樣，我不想讓她覺得子女都愛理不理的。」

「這是你的感受，但你有想過從媽媽的角度，她又是怎麼看待傳訊息給你這件事情嗎？」

「媽媽的角度？」

自從智慧型手機擴散到熟齡一族後，有朋友開始抱怨，自己毫無選擇被拉進家族群組，從此不得安寧，每次打開通訊軟體，裡頭數十則未讀訊息，但絕大多數都是定期的問候，或是圖文不符的勸世文。

忙碌的他們實在沒法一一回覆，久而久之，對於罐頭式的問候或祝賀，只好視而不見。可受過良好教育的他們，又覺得這樣很不禮貌，左右為難下，實在很想要叫長輩們，別再傳這些制式的圖片和來路不明的文章。

確實，無差別式的訊息轟炸，真的會構成一種負擔。

然而，如果我們願意跳離開自己熟悉的視角，切換頻道到發文者的位置。或許，你會了解這個看似微不足道的小動作，其實承載了一個人對生活的期待。

對大部分的長者來說，科技快速演變的離心力，讓他們覺得自己被狠狠地拋在後頭。所幸，智慧型手機的發明，直覺、人性的設計讓他們可以完成許多以前覺得困難的事，儘管只是發發圖、轉分享，就足以讓他們覺得自己跟得上時代的腳步、做一件很潮的事情。

能夠傳訊息給他們關心的人，讓他們覺得自己的存在還有一些意義感。他們在乎的不一定是你的回應，而是一種還能跟世界連結的感覺。

在發送的那瞬間，他已經得到自己想要的認同與歸屬。你若有所回應，也僅是錦上添花，不影響他的快樂。但你的包容，卻能夠讓這份快樂得以延續。

而且當定期發送成了一種習慣，換一個角度想，從對方發文的時間與頻率，你也能揣想著他今天忙不忙？是否一切安好？這種沒說出口的默契，隱藏著最真實的在乎。

如果說，長輩發圖是一齣默劇，劇名是「觸得到關心」，那麼你的名字，便是最稱職的配角。不用勉強自己要有台詞，你的存在已經完整了畫面。你的已讀，是最實際的掌聲。

重要的不是他傳了什麼訊息給你，重要的是，在他心中，有你的位置。

這份看不見的心意，比看得見的意思，更值得你珍惜。

轉個彎這樣想

長輩能夠傳訊息給他們關心的人，讓他們覺得自己的存在還有一些意義感。

他們在乎的不一定是你的回應，而是一種還能跟世界連結的感覺。

你手機裡有三不五時，會傳訊息關心你的長輩嗎？
花一點時間回家陪陪他們吧！他們真正想說的是「想你了」。

你對青春過敏嗎？

看到比自己年少的人，
總是不由自主地挑三揀四，
記得該回頭檢視自己的免疫力是不是下降了？

餐廳裡，一群中年男女魚貫入席，看似是老友相聚，好不熱鬧，幾杯黃酒下肚，不知怎麼著，話題就被帶到「現在的年輕人，實在是……」。世代隔閡的話題一開，就像男人有小三被抓包，所有人都可以來參一腳，論個是非對錯，將內心積壓許久的苦水，傾瀉而出。

「你知道有多誇張嗎？那個＃＄雜誌，找我做專訪，花了我一天的時間，出刊了，也沒通知，還是我自己買一本回來讀，才知道寫了什麼。那間公司連個基本的教育訓練都沒有嗎？還是那小伙子太白目？」黑衣男子慷慨激昂地說著。

「你這還好，我找了個工讀生，請他幫忙出去發傳單，他居然跟我說：『發了，也沒人看，又不環保，該換宣傳方式了。』口氣真是大！」隔壁略顯發福的歐巴邊說邊嘆息，像黏在儀表板上的搖頭娃娃。

「你們要不要聽聽看我的？我剛請來的助理，一個年輕小妹妹，居然跟我說：『老闆，我事情很多，無法及時 follow 你所有的新文章，你 po

文後，麻煩通知我，我才能幫你處理。』到底誰是助理啊？」一位妝髮精緻的女性蹙著眉，嗤之以鼻地輕笑著。

像是在比武招親般，爆料內容一個比一個誇張，好似全台最白目的社會新鮮人全都被他們遇上。年輕人在他們口中無一是處，只剩下新鮮的肝，和全新未格式化的腦袋。

我在一旁默默觀察，從他們臉上的皺褶、髮際線的高度，以及身上的行頭，想像他們剛出社會的模樣，相信也是一臉稚嫩和單純，靠著歲月的鍛鍊，才洗去滿身的菜味，慢慢爬上管理或經營階層。他們不可能不曉得這一路上會經過多少顛簸，遭受多少的質疑和白眼，才有今日的氣勢和熟練。

這群本應對生澀有更多包容的人，卻在奮鬥的路上，不知不覺變得挑剔，對青春的味道，十分過敏。

人，似乎都需要一個假想的敵人，來證明自己的價值。

還是菜鳥時，罵老闆、主管，求的是一種認同的共鳴，來捍衛自己僅存的自信；等變成老鳥，罵員工、新人，解的是一種莫名的焦慮，來保護自己脆弱的優越。

批評，是我們在面對差異時，最直接的反應。因為理解的鴻溝太過湍急，與其花力氣搭橋，還有可能不小心跌落深谷，受傷。不如直接築一面牆，拒絕看見對面的風景。

聽著他們你一言、我一語，七嘴八舌的討論，我想起了自己在工作上，被年輕人刺傷的經驗，也曾被氣到七竅冒煙。但當類似的事件越來越多，成為一種典型的考古題時，我開始思考，除了生氣，這裡頭有什麼值得我去發現？

自古以來，懷古諷今，似乎是最常見的對立。年輕人永遠是最好批評的對象，因為他們處在權力結構的最底層。少了資源和話語權，不管他們怎麼解釋和證明，偏見總是牢牢地存在。

我是被貼著「草莓族」標籤長大的孩子（一九八〇～一九九〇年代），在我還沒搞懂這個名詞的意義時，抗壓性不足就成了我這一代人的原罪。我一樣讀該讀的書、做該做的事，沒特別覺得自己脆弱或堅強，突然有一天這個標籤就被拿掉了，開始流行新的名字「低頭族」、「水蜜桃族」、「啃老族」。

原來，最有效的去漬油是——年紀。

而站在生產力最高的年齡，往下看，總是看什麼都覺得渺小、不足成大事。巧的是，我們所看見的缺陷，往往剛好是自己這個世代最需要的解方。

就像我的父執輩，太過努力，從不休假，只要有錢賺，半夜也上工。根本不存在過勞這種問題，對他們來說，那是偷懶的藉口，意味著你不夠勤奮、太柔弱。

直到我們這一代，施行了週休二日，重新定義了休息的意義，追求工作與生命的平衡，生活品質漸漸被重視。

老人家口中的「抗壓性不足」，換個角度，也可以被解讀成一種更柔軟的態度，願意接受自己的能力是有限度的，不會無限上綱，壓榨自己和地球這個資源。

同樣的，角色互換，當這群視茫茫、髮蒼蒼、齒牙動搖的中年男女，都一致覺得年輕人太過「自我中心」時，或許反映出來的是，他們在關係裡不夠勇敢，總是隱忍、委屈自己，寧願欺哄，維持和平的假象，也不願攤牌，面對真相。最後再拿「善良」安慰自己，這麼做是為了顧全大局。

弔詭的是，他們一再地大聲疾呼這個社會有太多不公和虛假時，卻為何不能接受年輕人「做自己」，有衝撞體制的膽識呢？年輕人血液裡散發出來的自由濃度，不正是他們努力想獲得「被討厭的勇氣」嗎？

無怪乎，榮格會說：「每件讓我們注意到他人的事，都將幫助我們更好地理解自己。」

沒錯，年輕人還有很多地方需要修煉，變得更成熟懂事些。青春，絕對不是用來粉飾無禮和莽撞的遮瑕膏。必要的打磨，是為了撐得起更大的挑戰。

但就像我們當年一路走來，努力證明自己扛得起責任，卻不將溫柔給丟棄。我相信他們有一天，也會學會體貼和換位思考，卻比誰都更勇敢追夢。

世代的差異永遠是存在的，但那並不是對立的主因。而是我們先停止了探索，把自己固守在習慣的城堡裡。

年齡，不該是彼此排拒的理由，如果哪天你發現自己罹患了青春過敏症，看到比自己年少的人，總是不由自主地挑三揀四，記得問題不在於過敏源，而是該回頭檢視自己的免疫力是不是下降了？

提升關係免疫力最好的帖子，永遠是保持開放的態度，用欣賞取代批評，用祝福化解歧異，不用擔心一代會不如一代。因為，生命會自己找到出路的！

轉個彎這樣想

提升關係免疫力最好的帖子，永遠是保持開放的態度，用欣賞取代批評，用祝福化解歧異，不用擔心一代會不如一代。因為，生命會自己找到出路的！

我還年輕，心情還不定～

「老」反映的不是年紀的增長，
而是恐懼的累積；
不是生理上的限制，
而是心態上的封閉。

如果現在要你定義「老」，你會覺得幾歲才算數呢？

以前，我覺得「老」這個字，大抵是跟「退休」掛勾在一起的，當人從工作崗位上退下，對社會的接觸越少，思想就越容易封閉。

因此，在直覺上，判斷一個人老不老，跟年齡有很大的關聯。

可是這半年，因工作得接觸不同的行業和族群，我赫然發現「老」並沒有我想像中的遠，它像條滑溜、陰沉的巨蟒，冷不防闖進我的世界，發出令人怯懼的吱吱聲響，伺機而動。

你問，有這麼嚴重嗎？

我本來也覺得大概還需要個幾十年，才需要煩惱這件事。可現實的殘酷，總叫人一夜白了頭。

這半年，因為演算法修改的關係，很多我和同事精心設計的文章或內容，完全被淹沒。為了提高曝光，我開始研究新世代的邏輯、吸收訊息的方式、行事作風……等，不帶預設地分析那些爆紅的影片或事件後，我發現這個世界運作的方式，已經不是我所熟悉且運用自如的規則了。

當「匪夷所思」成了我最經常有的結論後，我就知道自己已經脫離時代了。

那些我可能這輩子都不會做的事情，不等於不存在。而這個世界更不會因為我的不習慣，停止運作。它會持續旋轉，無須策動任何革命，離心力自然會將不願意改變的人，拋飛汰除。

看著潮流日新月異，自己卻束手無策，那種力不從心的感覺，很像是明明手機沒壞，但硬體規格已經跑不動新程式，運作速度越來越慢、越來越久。

你說手機錯了嗎？不，它默默工作好多年，盡責地待命，是軟體更新得太快，叫它來不及適應，也無能消化。出廠時的配備，已經決定了使用年限。

你說軟體升級錯了嗎？不，如果說變是世上唯一不變的事，那它該為自己持續不懈的微調，感到光榮。

記得諾基亞（Nokia）前任CEO約瑪．奧利拉，在被微軟收購時，曾說了一句話：「我們並沒有做錯什麼，但不知為什麼，我們輸了。」

假如是十年前的我，必定無法了解這句話的深意。但此刻，還未滿不惑之年的我，卻感觸良多。

3C產品可以輕易的被汰換，那人呢？是不是落伍了，就沒有生存的餘地？

照照鏡子，我的腦子算靈光，手腳也還靈活，並自認仍年輕，卻不得不承認已經被趨勢甩得無影無蹤。

恐懼的心情，曾讓我起伏不定、進退失據，第一時間只想轉頭否認，用批評、質疑的語言，保持優越感。

「直播的內容難道不需要設計一下嗎？吃飯、睡覺，就有人看，太輕鬆了吧！」

「大家只想被娛樂，不需要滋養一下心靈嗎?!這樣人生會活得沒意義！」

「人際互動變得這麼片段、破碎，將來的世界會變成怎樣啊！」……說著，說著，我發現自己的口氣，像極了那些我曾不屑、敵視的「老一輩」。

曾經他們也碎唸著我們：「一天到晚盯著電腦，都不幹正事」、「什麼都寫 E-mail，連打個電話都不願意，沒誠意。」

當時，我氣他們不知變通、食古不化，沒想到報應來得這麼快。

忽然間，我明白了，這些聽起來像是提醒和叮嚀的話，裡頭沒說出口的是，對未來的恐慌與擔憂。只是我們害怕的東西，從電腦演變到手機，以及更多、更多叫不出新名字的設備和程式。

原來，「老」反映的不是年紀的增長，而是恐懼的累積；不是生理上的限制，而是心態上的封閉。

在我催促上一輩打字快一點的同時，其實我忘了，是我身處的年代，讓我有機會接觸最新的科技。在潛移默化的狀態下，將敏捷的手指運動變成血液裡DNA的一部分。同樣的，成長於網路崛起的新鮮人，無須特別的學習，他們自然就懂得社群的規則和門路，有趣好玩成為他們呼吸的基礎韻律。

每一個世代都有其得天獨厚的優勢，重要的不是相互排擠，而是融合出更不一樣的創意，這才是進步的價值。

就像在工業革命時代，你不能對著一個拿鋤頭的農夫說，你不會操作機器，就是懶惰、不知長進的證據。那只是時間的巨輪，滾向不同的方向，你可以鼓勵對方跟上，但不能鄙夷對方所做的事情、信奉的價值，必然是無用且陳腐的。

同樣的，假使你在生活中，對於某些專業或事物的發展，感到難以駕馭時，千萬別覺得是自己眼光太差、能力太弱，那只不過是時間自然的代謝和流轉，誰都抵擋不了。

任何一個世代都會是某種觀念或技術的原住民，也是下一個思想或科技的新移民。當你進入一個陌生的環境，焦慮、笨拙是必然的，但不等於你不熟悉的事物，就一定是會傷害你的壞人。

年輕，人人想要，但你要自己的心因不安、惶恐跳著，還是做些微調，努力跟上時代的腳步，為了迎接驚喜而跳動？這就是「成熟」和「年老」的區別。

要讓日子過得更幸福，困難的從來就不是硬體或技術的突破，而是懂得用欣賞代替挑剔，用理解取代對立。

當生命的浪潮，將我推到此刻，我才明白過去的自己，包容的太少，批判的太多。再次彎下腰，執起筆，學著不屬於自己世代的語言，是生澀的、是笨拙的，但至少好奇心這帖保養品，能讓我老得再慢些，是有錢也買不到的精華露。

我或許永遠不會有最青春的觀點，但至少我的老派不讓人退避三舍。在輕快的旋律裡，譜上雋永的詞語，從中找到一群喜歡懷舊的人，也許就是我的機會。

不過，話說回來，如果你看到這篇文章的標題，內心就默默哼起歌……記得千萬別告訴別人！噓！我會為你保密的。

假如你一頭霧水，恭喜你，來日方長。

轉個彎這樣想

要讓日子過得更幸福，困難的從來就不是硬體或技術的突破，而是懂得用欣賞代替挑剔，用理解取代對立。

國家圖書館出版品預行編目資料

早點這樣想，該多好：從卡住的路轉彎，當一個幸福飽滿的大人/ 楊嘉玲作. -- 初版. -- 臺北市 : 大田, 2018.07

面 ;　公分. -- (Creative ; 131)

ISBN 978-986-179-531-7(平裝)

1.溝通 2.人際關係

177.1　　107007232

Creative 131

早點這樣想，該多好：

從卡住的路轉彎，當一個幸福飽滿的大人

作者：楊嘉玲

出 版 者 | 大田出版有限公司
台北市10445 中山北路二段26 巷2 號2 樓
E-mail | titan3@ms22.hinet.net http：//www.titan3.com.tw
編輯部專線 |（02）2562-1383 傳真：（02）2581-8761
【如果您對本書或本出版公司有任何意見，歡迎來電】

總 編 輯 | 莊培園
副總編輯 | 蔡鳳儀
執行編輯 | 陳顗如
行銷企劃 | 董芸
校　 對 | 金文蕙、楊修
內頁版型 | 陳語萱
美術編輯 | 張蘊方
印　 刷 | 上好印刷股份有限公司（04）2315-0280
初　 版 | 2018 年 07 月 10 日 定價：350 元
國際書碼 | ISBN 978-986-179-531-7 / CIP: 177.1 / 107007232

總 經 銷 | 知己圖書股份有限公司
台　 北 | 台北市106 辛亥路一段30 號9 樓
TEL（02）23672044 ／ 23672047　FAX：（02）23635741
台　 中 | 台中市407 工業30 路1 號
TEL（04）23595819 FAX：（04）23595493
E-mail | service@morningstar.com.tw
網路書店 | http://www.morningstar.com.tw
郵政劃撥 | 15060393
戶　 名 | 知己圖書股份有限公司